坐落在美丽罗德岛的布朗大学（*Brown University*），提倡自由开放式教育。其倡导学业自主的“布朗大纲”，使学生可随心所欲地选择自己喜欢的学科学习，在知识的海洋里自由遨游，是常青藤盟校中最有性格和极受欢迎的大学。

与其他常青藤盟校不同，宾州大学（*University of Pennsylvania*）的特点是非常重视学生专业和职业的学习。其赫赫有名的沃顿商学院（*Wharton School of Finance*），在全美财经学院的排行榜上一直名列前茅，与哈佛商学院不分仲伯。

常青藤盟校之一的耶鲁大学是一个以人文科学和社会科学为主重视本科教育的大学，历史、政治和经济是本科中最受欢迎的学科。走在校园里幽静的小路上，穿行在古老的哥特式建筑与钟楼拱门间，眼前罗马教学式图书馆一扇扇彩绘琉璃穿射出的淡淡柔光，散发出这所大学几百年来浸润出的书香韵味。

以大学本科教育为主的顶尖私立文理学院斯沃斯摩尔学院（*Swarthmore College*），教学质量一流，学习气氛浓厚，师生关系密切。校园内大树参天苍翠葱茏，绿草如茵花团锦簇，风景美丽如同一个种植多样的植物园。

常青藤盟校之一的普林斯顿大学（*Princeton University*）位于新泽西州的普林斯顿小镇，远离大城市，没有波士顿名校云集的喧嚣，一派田园风光。校园内各色古老的哥特式建筑多半被青藤环绕，悠扬的钟声在校园上空回荡，每幢大楼都以曾在这里工作并作出贡献的人的名字命名，历史厚重感极强。

刚刚参加完毕业典礼的麻省理工学院学院学生，在 MIT 著名的建筑大穹顶前留影。

常青藤盟校之一的耶鲁大学（*Yale University*），和哈佛、普林斯顿大学齐名，近年来这三大名校共同角逐美国大学和研究生院前三名的位置。

位于纽约市的哥伦比亚大学（*Columbia University*），既有常青藤盟校的声望和一流的教学质量，又有得天独厚的地理位置。纽约市数不清的餐饮，百老汇剧院，收藏丰富的博物馆，使哥大学生本来就多彩的校园生活更是锦上添花。

世界理工大学之最麻省理工学院 (MIT)，培养了大量高级科技和管理人才，有数十位校友和教授荣获诺贝尔奖。

美国顶尖公立大学弗吉尼亚大学（*University of Virginia*），创建人是美国《独立宣言》的起草人之一，美国第三任总统托马斯·杰斐逊。

私立文理学院波马那学院（*Pomona College*），素以富有挑战性的学术氛围闻名。

选择:去美国读大学本科

杨广慧 编著

CHOICES
STUDYING AT AMERICAN UNIVERSITIES

第二版

東華大學出版社·上海

图书在版编目 (CIP) 数据

选择：去美国读大学本科 / 杨广慧编著 . —2 版 .
—上海：东华大学出版社，2015.3
ISBN 978-7-5669-0688-5
I. ①选… II. ①杨… III. ①留学教育—概况—美国
②高等学校—介绍—美国 IV. ① G649.712.8
中国版本图书馆 CIP 数据核字（2014）第 287032 号

责任编辑 沈 衡
封面设计 潘志远
策 划 法兰西论坛

选择：去美国读大学本科（第二版）
编 著 杨广慧

出版发行 东华大学出版社（上海市延安西路 1882 号，200051）
本社网址 http://www.dhupress.net
淘 宝 店 http://dhupress.taobao.com
天猫旗舰店 http://dhdx.tmall.com
营销中心 021-62193056 62373056 62379558
投稿信箱 83808989@qq.com
印 刷 苏州望电印刷有限公司
开 本 710 mm × 1000 mm 1/16
印 张 14.25
印 数 0 001~4 000
字 数 226 千字
版 次 2015 年 3 月第 2 版 2015 年 3 月第 1 次印刷
书 号 ISBN 978-7-5669-0688-5/G · 173
定 价 49.80 元

前 言

前些年，中国大学本科毕业后去美国读研究生的大学生很多，近年来，中国国内高中毕业后去美国读大学本科的高中学生日渐增多。想去美国念书的原因很多因人而异，有人天资聪颖成绩名列前茅，不满足国内的教育现状而钟情于美国的教育模式和名校声威想去拼搏一番；有人运气不佳没有被自己梦想的中国大学录取而不甘心，想去美国读书再给自己寻一回机缘；还有人因不适应国内的教育体制而想走出国门给自己开辟一片新天地，等等。然而本书的主要内容不是分析中国学生出国留学的孰是孰非或优势与不足，而是向那些已作出决定想去美国读大学本科的高中生，或是有此想法但未做决定尚在犹豫过程中的学生和家长，提供一些他们想了解的资料和信息，以便能帮助他们做出正确的选择和适合学生今后发展的决定。

想去美国念大学的学生可能会有以下几方面的问题如：中学生具备什么样的条件可以申请美国的大学本科？申请时需要准备哪些材料？什么时间开始申请最合适？美国大学的录取标准是什么？在美国就读大学本科的费用是多少？简单地回答上述问题并非难事，可概括回答如下：从理论上讲，任何一个从中国正规高中毕业或具有同等高中学历的学生都可以申请美国大学本科。所需提供的申请材料基本为本人的高中成绩单、托福、SAT 考试成绩单和教师推荐信等。常规的大学申请表格递交时间段为每年的 12 月底至 1 月中旬，大学录取通知发放时间一般为每年的 4 月初。美国大学招生人员在录取过程中会综合考察申请人的平时成绩、考试成绩、所参加的课外活动项目和个人才能等等，并在参考了推荐信和申请人撰写的申请短文等其他材料后，做出录取与否的决定等等。这些问题看似简单，但在实际申请过程中却有很大的回旋空间。每个人都有自己的亮点和独特的成长经历。申请美国大学，特别是美国顶尖大学的关键之一是如何正确地选择适合自己的学校，然后策略性地将自己的优点展示给他们，并获得认同。

现在是信息时代，互联网如此发达，要想了解哪方面的信息，在网上搜索引擎上打入几个字即可搜到相关内容。但若对于整个事情不了解的人来说，网上查到的信息可能是碎片的、零散片面而不完整的信息。所以对于那些不熟悉美国大学系统，或英文阅读较慢的读者，希望本书能用简洁的语言和清晰的思路，将与申请大学相关的各项事宜联系起来，给出一个基本完整的构图或大致框架，帮助你在因特网阔如海洋的信息中，捞到你想要的那根针而少花些气力。本书将尽量全面地、系统和详细地向想去美国读大学本科的高中学生介绍关于申请美国大学方面的相关内容。从最基本地了解美国大学分类开始，每一部分仔细说明，如申请人将如何选择学校；大学又是根据那些参考标准来录取学生；申请时的计划与具体步骤；如何准备相关的考试；大学本科的费用和资助方面的介绍；申请美国顶尖大学时应考虑的一些重要因素等等非常实用的信息。由于国情的不同，申请美国大学从申请到录取的许多方面与中国学生通过高考而进入大学的过程确有差异。许多学生由于对如何申请了解不多。使有些本来有机会、有能力和有经济实力进入美国好大学的中国学生，最后只进入了一些较差的甚至没有通过美国教育机构认证的大学。

对于那些想去美国念大学的中国高中学生，从某些方面讲，申请美国大学之路，并不一定比参加全国统一高考而进入中国大学的路要更艰难。只要申请人正确掌握了申请的信息与程序，在如此发达的信息时代，学生坐在家里就可以通过因特网完成申请美国大学的全过程。对于某些真正有能力的学生，也许可以采取两条路同时走的方法。从时间安排上来看，申请美国大学的日程安排与参加中国国内高考的复习准备并不在同一个时间段内。申请美国大学的工作可在高三年级的 9 月至 12 月底之间进行，而报考中国大学的全国统考复习准备可安排在来年的 1 月至 6 月之间。中国学生可在高中的最后一年，参考以上内容来安排自己的时间。一边申请美国大学，一边进行中国高考的考复习准备，在完成了所有的美国大学申请递交事宜之后，再进行国内的高考复习冲刺。最后到底去哪里念书，可以由是否被美国大学录取（是否能得到赴美签证）和被国内大学录取的情况来选择决定。然而这是一件说着容易做起来难的事情。学生这样做要从时间和精力上加倍地付出，即使有更多的付出，也要有接受不同结果的准备。最好的结果是有可能被自己心仪的美国大学和中国大学同时录取，幸运地任选其一；可也要做好最坏的打算，既没有被美国的好大学录取，国内的高考也不理想，哪头都没赶上。但无论怎样，在考虑上什么样的大学，学什么专业，在哪里接受高等教育这种人生转折的重要关头，选择多一些总比选择少或别无选择要好。

因为许多读者无论是在查找资料还是申请美国大学，都要阅读英文材料或进入英文网站，为了防止中英文在用词、术语或不同翻译中的差异而带来名称和概念上的混淆，书中在给出某些中文译名、词语解释或原文翻译时，保留了英文原文，以方便读者查找和对照。

书中许多例子都是参考了各大学的网站内容，所举数据都经过笔者仔细核实列在书中供学生和家长参考，以方便学生了解所需要的信息去哪里寻找，并如何看待这些信息。也许某些信息难免有疏漏，尽请见谅，并欢迎提出意见。列在书中的许多信息和数据会随时间而改变，但信息的出处，查询方法和申请思路一般变化不大。美国大学的教育系统、招生方式和教育理念可能一时半会儿也不会改变太多。

其他网站提供的内容仅供参考，笔者不对任何网站的真实可靠性和内容改变负责，请读者谨慎查询。并请注意网上骗子，凡是让你先交费再提供信息者均要警惕。

本版是第二版，删去了一些已过时的内容，增加了许多关于网上申请的信息供参考。

希望那些想去美国念大学本科的学生读了这本书后，能对于你申请美国大学并做出正确选择有所帮助。

作者

2014 年 9 月于上海

目 录

CHAPTER 01

第一章 | 美国大学简介

美国是世界上教育事业最发达的国家之一，目前有 3000 多所高等院校。其中公立大学 1600 多所，私立大学 1700 多所。美国卡内基基金会曾按大学的性质和功能将美国大学分为六类院校，每类院校又分为几种，共有十几种分类，以显示高校之间在教学体系、专业范围、学术研究能力以及受教育学生的层次等方面的区别。但这种分类法比较复杂，想去美国留学的学生一般不需要了解得如此详细，本章将简单介绍一下美国大学的分类、认证和排名的情况。

第一章 美国大学简介

美国是世界上教育事业最发达的国家之一，目前有 3000 多所高等院校。其中公立大学 1600 多所，私立大学 1700 多所。美国卡内基基金会曾按大学的性质和功能将美国大学分为六类院校，每类院校又分为几种，共有十几种分类，以显示高校之间在教学体系、专业范围、学术研究能力以及受教育学生的层次等方面的区别。但这种分类法比较复杂，想去美国留学的学生一般不需要了解得如此详细，本章将简单介绍一下美国大学的分类、认证和排名的情况。

第一节 美国大学分类

一、 按照学制来分，美国大学可以分为四年制大学与两年制的社区学院。

1、四年制大学（Four Year Universities）

四年制大学又分成文理学院和综合型大学两类：

1）四年制综合大学（Universities）

综合型大学一般学校规模大，多坐落于城市或近郊区内。学校的学生和教职员工人数众多，大的学校甚至高达四、五万人。综合大学一般划分为几个学院，各学院再划分为若干个系。一般课程除基本的文理课程外，还有工程、技术、商业、法律、教育、农业、建筑、传媒、医学等专业课程。大部分综合大学注重研究工作，除设置本科教育外还附设研究院。学生在大学接受了四年本科教育后，可被授予学士学位。如果学生愿意从事深入的学术研究或在某一专业领域里寻求继续发展，可进研究生院进一步深造。研究生院可颁发硕士学位（Master’s Degree）和博士学位（Doctoral Degree）。

2）四年制文理学院（Liberal Arts Colleges）

这种大学是中国学生所不熟悉的大学。其中有不少教学质量非常高的好大学，值得中国学生关注。文理学院的学生人数少，一般在 1000 至 1500 人左右，大学的重点在本科教育。基本课程包括人文科学（文学、哲学、音乐与艺术等）、社会科学（历史、地理学、经济学、政治学、社会学等）和自然科学（数学、物理、化学、生物等）。

大部分文理学院只颁发学士学位（Bachelor's Degree），只有少部分文理学院颁发硕士和博士学位。

2、两年制的社区学院（Two Year Community Colleges）

很多美国高中毕业生，选择先进两年制的社区学院学习，然后视情况再决定以后的去向。两年制学院又称初级或技术学院，多数为地方社区所办，故称社区学院。全美现有公立与私立的社区学院约1400多所，分散在全美各地的州县。社区学院的教育重心在教学而非科研，其目的是推广普及教育，并为学生提供技能培训。学生在社区学院毕业以后可得到副学士学位（Associate's Degree），学生毕业后取得一技之长后就能立即进入就业市场。社区大学入学要求低，学费便宜，而且能够学到大学一、二年级的一些基础课程。对于那些家境困难，又没有申请到足够资助上四年制大学的学生，先在社区学院修完大学一、二年级的必修课程，再转向教育质量较好的四年制大学继续完成学业而取得学士学位。这样可省下一笔可观的学费，是非常实际的选择。美国的社区学院作为大学基础教育、职业教育和成人教育的综合体，充分适应社会发展的各种需要，以较低廉的费用向更多人提供受教育的机会，这也是美国多元化教育一个方面的体现。如果打算继续升四年制大学的学生，要注意在两年制社区学院选修的课程学分必须能够被四年制大学承认，所选的课程以将来能转学分到四年制大学为前提。

二、从经费来源来分，美国大学可以分为公立大学与私立大学。

美国大学的公立与私立之分并不完全体现在经费来源的不同。许多公立大学也会有民间财团的捐款，而政府也常对许多私立大学有不同项目的资助拨款，且私立大学经费来源的比例在各大院校之间以及不同的时期都不相同。公立与私立大学之间实质性的区别在于控制学校的主要机构是政府还是私人团体。两年制与四年制大学都分别有公立与私立之分。

1、公立大学（Public Universities）的主要经费来源：

公立大学又分由州政府出资建立的州立大学与州以下的某个县出资设立的社区大学。其主要经费来源为：

1）联邦政府提供学校设施建设和学术项目研究的款项

2）州政府税收

3）学生学费

4）签约为政府部门或私人企业等某些学术项目提供研究服务所得款项

2、私立大学（Private Universities）的主要经费来源为：

1）学生学费

2）私人财团，企业、校友会的捐赠款项

3）签约为政府部门或私人企业等某些学术项目提供研究服务所得款项

4）部分政府提供的指定用途的补助得款

3、加州公立大学

因美国加州公立大学有两个系统，申请表格与程序有所不同，申请人有时会不清楚，这里单予以说明。加州公立大学分为两个系统：

1）加州大学系统（University of California）简称 UC 大学，拥有 10 个分校校区。其中最著名的是伯克利校区（UC Berkeley）和洛杉矶校区 （UC Los Angeles）。UC 大学是美国最具影响力的公立大学之一，是研究型大学，可提供学士、硕士和博士学位。申请人可进入其网站 www.universityofcalifornia.edu 查询所属校区和相关信息。

2）加州州立大学系统（California State University）简称 CSU 大学，拥有 23 个分校校区，是教学型大学。大部分分校仅提供学士和硕士学位，只有少数的学校提供博士学位。与 UC 大学系统相比，CSU 大学学费和入学门槛都相对较低。申请人可进入其网站 www.calstate.edu 查询所属校区和相关信息。

三、 公立学校与私立学校主要方面的比较：

1、学费方面，公立大学学费较之私立大学便宜很多，对本州或本地区学生的收费要比对外州和外国学生的收费更为便宜。因为州立学校的主要经费来源之一是本州居民所交纳的税额，所以本州居民子女可理直气壮地优先享受本州的教育资源。而私立学校无政府资助，单靠捐款和研究经费办学显然不够，所以学费贵得吓人。然而有的公立学校对外州和国际学生的收费堪与私立学校相比，所以有人认为花如此多的钱上公立学校不值，还不如上私立学校。除非能进入如加州伯克利分校，密芝根州立大学安娜堡州立分校，威廉和玛丽学院等知名公立学校。

2、其次，就学校本身而言，私立大学的名气在整体上略胜于公立大学。私立大学学费虽昂贵而使人望而却步，但学校却尽全力在教育质量、学术研究、学习气氛、校园设施、实验设备以及校园生活等各方面的软硬件上下功夫，以学校的名气所产生的社会效应来吸引学生。美国有许多杂志或评判机构以各种名义和不同标准，对美国的大学进行排名。在名目繁多的排名中，《美国新闻与世界报道》杂志排出的大学排名最具权威性。从该杂志 2015 年年度排行榜上来看，前 19 名综合大学全部为私立学校，常青藤八校全在在其中。而排在最前面的公立学校——加州大学伯克利分校，也只排在第 20 名。而前 50 名的文理学院则清一色全部为私立学校。当然，也有不少顶尖公立大学在各种综合学术指标和教学质量上与许多顶尖私立大学相比毫不逊色。有些专业学科的排名靠前，甚至在其领域里独占鳌头或与一流的私立大学平分秋色。

3、从生源来看，州立大学因其公立性质，必须照顾到本州学生的利益。有的州政府规定本州州立大学在招生时，本州学生必须占到一定比例。同时还受如种族和性别比例等诸多限制，所以在招收学生的条件上就可能放松。而私立学校财政自主，不受政府限制，学校可以根据自己的教育理念和财政状况，以严格的标准来决定录取学生的来源和人数，录取学生的群体质量也高些。公立大学录取的学生以本州学生为主，有少量外州学生和国际学生。而私立大学录取的学生几乎遍及全美各州，并有一定比例的国际学生。所以，公立大学与私立大学的生源从地理位置到学业成绩，基本上不在一个范围。私立大学的学生群体比公立大学更多元化。

4、从学生数量来看，由于公立大学学费便宜，又对本州居民子女有优惠的收费条件、优先录取的权利和地域的便利等不容忽视的优势，美国高中毕业生进入公立大学的人数远远超过进入私立大学的人数。美国私立大学的人数一般是几百至数千人，但最大的私立大学如波士顿大学（Boston University），纽约大学 （New York University）和南加州大学 （The University of Southern California）的学生人数也高达几万人，堪比美国的州立大学。

美国的教育实行地方分权制度，联邦宪法不允许美国联邦政府直接管理美国的高等学府，教育管理权力属于各州及地方政府。教育部的主要职责只是管理联邦政府对各级教育机构的援助计划及对学生经济资助和贷款计划。美国大学，无论是私立还是公立，在行政管理、任命教授、课程设置、招生、筹集和分配经费等方面均享有充分自主权而不受联邦政府限制，自由得令人羡慕。

去美国留学念大学本科的国际学生，除特殊情况或特别想学习某一专业而进入某些职业学院或专科学院外，一般都会申请进入四年制公立或私立的综合大学或文理学院学习。

波士顿大学（Boston Universtity）是全美人数最多的综合性私立大学之一。学校历史悠久，科系众多，师资和教学设备一流。学校位于美丽的查尔斯河畔，紧邻波士顿大都会市中心，交通生活设施便利，收藏极为丰富的美术馆和各种博物馆，著名的波士顿交响乐团的精彩演出，周边大学的各种学术交流，让这里的学生除了学习课堂书本上的知识学习外，尽享文化名城所提供的一切文化大餐。

第二节 美国大学的认证

一、学校的认证机构

在美国，个人或团体都可以合法的教育目的而兴办任何水平的学校。所以创立一所大学并不是难事。只要其符合所在州规定的创办条件，得到州政府相关部门的批准，就可以成立并招收学生了。美国有的州发放办学许可证的标准非常严格，但有的州却相对很松。大学虽然经过政府部门的批准可以合法办学招生，但是如果没有经过美国教育部认可的认证机构来“认证”（Accreditation）其办学质量，该大学授予的学位和课程学分很难得到其它正规大学和社会的承认。学校如果希望得到各方面的承认，必须请专门的机构进行“认证”。并且在未被认证之前，该大学必须在招生简章或其他关于学校的相关材料中，以非常明显并能够引起读者注意的方式告知想申请入学该校的学生，本大学尚未被美国教育部认可的认证机构予以“认证”这一事实。申请人有权知道这件事情。这些话说起来挺绕嘴，但不清楚这点的国际学生必须对此加以关注。

“认证”是美国教育体系中采用的一种方法，以保证美国的中学、大学以及各种各样的教育机构，在其学术领域、行政管理和其他相关的服务方面，达到并保持其合格性的最低标准，以保证受教育者的利益，对监督和提高美国高等教育的质量起着举足轻重的作用。美国各式各样的认证机构很多，但只有经过美国政府认可的认证机构，才是合格的认证机构。而只有经过合格的认证机构认证的学校，才是能够提供合格教育的学校。言外之意是美国确实有一些没有经过山姆大叔点头的虚假认证机构在行骗。连认证大学这样看似高雅的门面都有人敢作假，可见留学之路不是坦途。

美国的高等院校被公认为全世界最具竞争性的高等教育体系。名目繁多的各类高等院校各具特色，互为补充，可满足社会不同层次人群的受教育需求。美国大学虽多，但教育水平参差不齐。不仅有哈佛、耶鲁、麻省理工学院和斯坦福等这样享誉全球的世界顶尖级学府，汇集了世界各地优秀学术人才，配备了先进校园设施和尖端科学实验器材，具有高教学水平的老师和一流科研能力，为那些天资聪颖，才气横溢的学生提供了一片遨游的天地；还有为数众多的其他各类大学，也向那些虽才智并不太突出，但勤奋努力，好学向上的学生提供教育质量非常好的大学本科教育。当然，象美国这样市场经济高度发达的社会，市场信息浩瀚如烟、真假混杂，也会有那些只为赚钱而设立的劣质大学混在其中。因此有人说世界上最好的大学在美国，最差的大学也在美国。美国的教育体系和课程有这样那样的优点，也有这般那般的不足。有人对其大加赞赏，也有人对此不屑一顾，关键要看申请人自己如何取舍。

想去美国念书的国际学生，特别是那些准备选修某些专业或专业预科的学生，必须在申请时了解清楚该校或该专业是否得到认证，并确认其提供认证的机构是否得到美国教育部的承认，在蜿蜒崎岖的留学道路上睁大眼睛，学会打假。如果去美国只是花钱上了一个没有经过认证的不入流大学，只图一个留学美国的虚名却没学到什么真东西，即使获得了学位也毫无价值。损失的不止钱财，学生的时间和青春耽误不起，还不如在中国国内读所正规大学，扎扎实实地学些知识来得实在。

二、认证机构的分类

认证机构一般分为三种：

1、区域性认证协会（Regional Accrediting Associations），主要认证指定区域内的中学和大学。

2、全国性的认证协会（National Accrediting Associations），主要认证那些只提供某些专业领域学习研究的大学。大学地理位置不限，可位于美国本土、领地和海外。

3、专业或特殊认证协会（Professional or Specialized Accrediting Associations），主要认证某些特殊学科和课程的专业学习项目（在美国的大学教育中，有些专业是必须经过专业机构认证）。这些专业学科和课程项目是由经过区域性或全国性认证协会认证的大学和学院来承办。

如果想确认哪些认证机构是经过美国教育部认可的机构，可登陆美国教育部网站http://www.ed.gov/NLEUSNEI/us/accredition.html，便能查询到这些机构的名录及其相关信息。

三、美国的大学和中学的认证

大学和中学的认证主要由经过美国教育部认可的六个区域性的认证机构——“地区高校和中学协会”分别来进行认证的。这些认证机构都是非官方独立的平级联合机构，只是所管辖的地区不同，分别为新英格兰、中部、中北部、西部、西北部和南部六个地区。被其认证的学校涵盖全美及其属地，以及设立在国外的美国国际中学和大学分校，并且不相互重叠。这六大地区高校认证机构联盟对美国大学的认证最具权威性。得到他们认证的大学，才能在社会和学术界得以普遍承认。所有经过认证机构认证的大学，其所授予学生的学位和学分，在各大学内都相互承认。为了查询方便，现将这六所认证机构信息列表如下[①]：

① 美国各州保留其英文名字，信息来源 Wikipedia。

1、新英格兰高等院校和中学协会（New England Association of Schools and Colleges）			
涵盖范围	Connecticut	New Hampshire	
	Maine	Rhode Island	
	Massachusetts	Vermont	
网站	www.neasc.org		
2、中部高等院校和中学协会（Middle States Association of Colleges and School）			
涵盖范围	Delaware	New York	North America，Europe
	District of Columbia	Pennsylvania	Middle East
	Maryland	Puerto Rico	
	New Jersey	U.S Virgin Islands	
网站	www.middlestates.org		
3、南部高等院校和中学协会（Southern Association of Colleges and Schools）			
涵盖范围	Alabama	Louisiana	Tennessee
	Florida	Mississippi	Texas
	Georgia	North Carolina	Virginia
	Kentucky	South Carolina	Latin America
网站	www.sacscoc.org		
4、中北部高等院校和中学协会员（North Central Association of Colleges and Schools）			
涵盖范围	Arizona	Kansas	Ohio
	Arkansas	Michigan	Oklahoma
	Colorado	Minnesota	South Dakota
	Illinois	Missouri	W. Virginia
	Indiana	Nebraska	Wisconsin
	Iowa	New Mexico	Wyoming
		North Dakota	
网站	www.northcentralassociation.org/		
5、西北部高等院校和中学协会（Northwest Association of Schools and Colleges）			
涵盖范围	Alaska	Nevada	Utah
	Idaho	Oregon	Washington
	Montana		
网站	www.northwestaccreditation.org/		
6、西部高等院校和中学协会 （Western Association of Schools and Colleges）			
涵盖范围	California	American Samoa	Northern Marianas
	Hawaii	Palau	Islands
	Guam	Micronesia	Asia
网站	www.wascweb.org		

美国政府要定期审核这些认证机构，以保证他们能对学校做出客观的认证。而认证机构则不仅要对未被认证的学校进行认证，还要对已通过认证的学校进行定期复查。合格者则存，不合格者若在规定可以改进的期限内，还没有达到认证机构的要求，就要撤销对该校的认证。学校也要定期向认证机构递交一份关于学校现状和将来发展计划的详细报告，以帮助认证机构进行审核。

四、确认所申请的大学是否通过认证

有关美国学校认证方面的具体细节，如认证机构提出哪些要求学校达到的标准、到底多少时间内需要对学校审核复查，学校应从哪方面入手以提高自身的水平等等，都交与美国政府和认证机构去打理。申请人最关心的就是认证审核的结果，即你想去的美国大学是否通过了认证。你可以通过以下几种途径去了解：

1、查看学校简介和网站，学校应主动说明自己是通过哪个机构认证的。例如若该大学是通过区域性认证机构认证的，则在学校简介中应写上“Accreditation: Regional”，即表明已通过区域性认证机构的认证。

2、通过美国高等教育认证委员会的网站www.chea.org查询验证，通过其数据库，学生可以按学校校名查出该校是否经过认证，哪个认证机构给它颁发了证书，最近的复查时间为何时。还可以按州名查出该州被认证的学校名录，按照认证机构的名称查出被该机构认证学校的名录等信息。

3、如果你知道你想查询的学校在那个地区，可以直接登录上表列出的认证机构的网站查询。

认证机构对学校认证有一定的标准，各认证机构的认证标准在措辞或执行步骤上可能有所不同，但基本标准是相同的。认证机构对学校只做认可或不认可的决定。通过认证的美国大学和中学，应在教学任务、学校资源、教学效率和学校整体素质的持续和稳定性等各方面，都达到了认证机构提出的基本要求，可以保证学校的基本教学质量。对来校学习的受教育者，可提供合格的教育。没有通过认证的学校，其教学质量则不能保证。可以说，学校通过认证与否，是检验学校是否提供合格教育的分水岭。通过认证，只是通过了一个合格教育机构的最低标准。学校在向受教育者提供高品质、高质量的教育方面，还有向上发展的许多空间，因此又出现了各类学校的排名榜。

第三节 美国大学排名

前面简单介绍了美国的学校分类和认证。但这些形形色色的大学，到底水平如何？哪些学校名气大些属于比较难进的学校，哪些又相对容易些？对于国际学生而言，如何选择一所适合自己实际情况的大学？学校有否自己喜欢的专业等等，都是需要具体了解的事情。美国市场上有不少杂志书籍、学术刊物和大学指南等出版刊物对美国各大学进行排名。但由于各刊物依据自己收集的资料，按不同标准进行排名，所以各种排名不尽相同。尽管如此，这些大学排名信息还是向申请人提供了非常有参考价值的资料。

一、简单介绍美国主要杂志刊物所编排的大学排名

1.《美国新闻与世界报道》（*U.S. News & World Report*）杂志大学排名

这本杂志于每年秋季公布新的年度排行榜。其评判标准包括：大学全面评估、学术声望、录取率、录取学生平均 SAT 分数、师生比率、发放奖学金比例、研究资金等等。排名分类非常详细，评估指标的各种数据也力求准确并有代表性，使学生们对美国大学的情况有一个基本了解，是学生选择大学的重要参考标准之一。据说每年秋季到这期杂志出版时，望子成龙的家长和求学心切的学子们都纷纷抢购，使该期杂志销量为其全年之最。同时，大学排名也是美国大学之间互相竞争的一种表现形式。那些在排行榜中名列前茅的名牌大学不是徒有虚名，而要以实力相拼，在竞争中必须不断地进行自我调整，不但保持强调自身的个性和特色，还要更多元化，更适合前进社会中的变化和需要，才能生存、发展和胜出，而不是各领风骚三五年。

《美国新闻与世界报道》杂志的排名法将美国大学按地域分为全国排名（Best National Universities 可提供学士，硕士和博士学位）和分区域排名（Best Universities-Master's By Region 可提供学士和硕士学位）两类。在全国排名中，全美大学不分地区一起参评。在全国性综合大学排名中出现的学校，就不包括在区域性的学校排名之中，即以上两类不互相重叠。全美约三分之一的大学参与了排名。美国大学的排名在短期内比较稳定，位置起伏不大。全国大学排名前三名的位置近年来基本上由哈佛大学、普林斯顿大学、耶鲁大学三所大学轮流坐庄。除此之外，《美国新闻与和世界报道》每年还公布全美最好的法学院、医学院、工商管理学院和工程学院等专业学院的排名。

这里列出 2015 年度该杂志评出的前 20 名综合大学和前 10 名文理大学以便和其他排名作比较（美国大学的名字为英文原名）。具体内容和其他学校的查询请参照网站 www.usnews.com 。

2015年排名	2014年排名	大学名称 Name of University	2015年学杂费 Tuition and Fees	SAT/ACT 录取分数范围（25th-75th Percentile）只是数学和阅读的组合分数，不包括写作分数	2015年录取率 Acceptance Rate	2014年录取率 Acceptance Rate
全美综合大学排名（Universities）						
1	1	Princeton University	$41，820	1410 – 1600	7.4%	8%
2	2	Harvard University	$43，938	1410 – 1600	5.8%	6%
3	3	Yale University	$45，800	1420 – 1590	6.9%	7%
4	4	Columbia University	$51，008	1400 – 1570	6.9%	7%
4	5	Stanford University	$44，757	1380 – 1570	5.7%	7%
4	5	University of Chicago	$48，253	1440 – 1590	8.8%	13%
7	7	Massachusetts of Technology	$45，016	1430 – 1570	8.2%	13%
8	7	Duke University	$47，488	1360 – 1550	12.4%	9%
8	7	University of Pennsylvania	$47，668	1360 – 1540	12.2%	13%
10	10	California Institute of Technology	$43，362	1490 – 1600	10.6%	12%
11	10	Dartmouth college	$48，108	1360 – 1560	10.4%	10%
12	12	Johns Hopkins University	$47，060	1340 – 1520	17.1%	18%
13	12	Northwestern University	$47，251	1390 – 1550	14%	15%
14	14	Washington University in St. Louis	$46，467	32 – 34	15.6%	18%
15	16	Cornell University	$47，286	1320 – 1520	15.6%	17%
16	14	Brown University	$47，434	1330 – 1540	9.2%	10%
16	18	University of Notre Dame	$46，237	32 – 34	22.3%	23%
16	17	Vanderbilt University	$43，838	32 – 34	12.7%	14%
19	18	Rice University	$40，566	1370 – 1550	16.7%	17%
20	20	University of California-Berkeley	本州学生 $13，844 外州学生 $25，064	1250 – 1500	17.7%	18%

2015 年排名	2014 年排名	大学名称 Name of University	2015 年学杂费 Tuition and Fees	SAT/ACT 录取分数范围（25th–75th Percentile）只是数学和阅读的组合分数，不包括写作分数	2015 年录取率 Acceptance Rate	2014 年录取率 Acceptance Rate
全美文理学院排名（Liberal Art Colleges）						
1		Williams College	$48，310	1330 – 1540	17.5%	17%
2		Amherst College	$48，526	1350 – 1530	14.3%	13%
3		Swarthmore College	$46，060	1350 – 1530	14.2%	14%
4		Wellesley College	$45，078	1310 – 1510	29.1%	30%
5		Bowdoin College	$46，808	1360 – 1510	15%	16%
5		Pomona College	$45，832	1380 – 1540	13.9%	13%
7		Middlebury College	$46，044	1280 – 1490	17.5%	17%
8		Carleton College	$47，736	1340 – 1520	21%	26%
8		Claremont McKenna College	$47，395	1320 – 1500	11.7%	14%
8		Haverford College	$47，214	1310 – 1490	23.5%	23%

如此巨大的商机市场，怎可能仅让《美国新闻与世界报道》杂志一言堂地独占鳌头。《福布斯》杂志（*Forbes Magazine*，www.forbes.com/）于 2008 年开始推出本杂志的排名，由于所依据的排名资料数据不同于《美国新闻与世界报道》杂志，所以有些常青藤盟校的排名低于其他排名。《福布斯》杂志 2014 年推出的新排名如下供参考：

2. 福布斯杂志 2014 年度排名前 10 名大学

2014 年排名	2013 年排名	大学名称 University Name	学校所在州 State	学生总数 Total Student population
1	9	Williams College	Massachusetts	2，124
2	1	Stanford University	California	18，519
3	6	Swarthmore College	Pennsylvania	1，552
4	3	Princeton University	New Jersey	7，975
5	10	Massachusetts Institute of Technology	Massachusetts	11，189
6	4	Yale University	Connecticut	11，906
7	8	Harvard University	Massachusetts	28，147
8	2	Pomona College	California	1，607
9	7	United States Military Academy	New York	4，592
10	13	Amherst College	Massachusetts	1，817

3.《菲斯克大学指南》每年出一本（*Fiske Guide to Colleges*），推出了三百多所他们认为北美和欧洲最好和最有意思的大学（More than 300 of the “best and most interesting” colleges and universities in North American and Europe）。该书还对入学短文、学校面试、申请程序管理等等方面提出了许多非常有益的建议。

4. 由《普林斯顿评论》（*The Princeton Review* ——The education services and test prep company）编写的书，如《最好的 379 所大学，2015 版》（*The Best 379 college*，2015 Edition，每年这些最好大学的数字是变化的）。主要以全国大学生采访对象的意见为难，就他们对学校的宿舍、饮食、教授水平、体育设施和助学金发放等项目的评分而编写的排名。

5.《普林斯顿评论》还和《今日美国》（*USA Today*）报纸联手每年推出最有价值的大学排名（The Princeton Review’s xxxx Best Value colleges），排名的参考标准以高教学质量和合理的学费，包括为学生提供数量相对较多的资助等因素为准。现将其 2014 年评出的前 10 名私立和公立学校列在下面供参考（名次每年变化）：

排名	私立大学（Private）	公立大学（Public）
1	Williams College	The University of North Carolina at Chapel Hill
2	Harvard College	New College of Florida
3	Swarth more College	University of Virginia
4	Yale University	North Carolina State University
5	Princeton University	University of Michigan-Ann Arbor
6	The cooper Union for the Advancement of Science and Art	University of California-Los Angeles
7	Vassar College	University of Florida
8	Massachusetts Institute of Technology	College of William and Mary
9	Amherst college	Truman State University
10	Pomona college	State University of New York at Binghamton
Source: The Princeton Review's 2014 Best Value Colleges 2014 Edition, www.princetonreview.com/best-value-colleges.aspx		

6. "若将大学排名再划分的细些，就有从专业的角度来将大学进行排名。如《商业周刊》杂志（*Business Week*）和《美国新闻与世界报道》杂志就分别给出了2014年度全美最好的本科商学院排名（The Best Undergrad Business-Schools），这里列出前10名供参考。

	《美国新闻与世界报道》排名		《商业周刊》排名
1	University of Pennsylvania（Wharton）	1	University of Notre Dame（Mendoza）
2	MIT（Sloan）	2	University of Virginia（McIntire）
2	UC Berkeley（Haas）	3	Cornell University
4	University of Michigan-Ann Arbor（Ross）	4	Boston College（Carroll）
5	New York University（Stern）	5	Washington University, St. Louis（Olin）
6	UNC at Chapel Hill（Kenan–Flagler）	6	University of Texas at Austin（McCombs）
6	University of Virginia（McIntire）	7	University of Pennsylvania（Wharton）
8	Carnegie Mellon（Tepper）	8	Indiana University（Kelley）
8	Indiana University-Bloomington（Kelley）	9	Emory University（Goizueta）
8	University of Texas at Austin（McCombs）	10	UNC at Chapel Hill（Kenan–Flagler）
http://www.businessweek.com/articles/2014-04-04			

7. Kiplinger's 杂志则以学术和经济相结合的角度，给出了最划算的 100 所公立大学，50 所私立综合大学和 50 所文理学院。通俗地讲就是花多少钱上哪所大学最值。而他们的排名主要以大学的费用和能提供的资助来考虑。

另外还有很多排名，如 Rugg's Recommendations, 以及大学生通过自身经历和感受给出的排名建议 College Prowler 等等，这里就不再举例了。

二、对美国大学排名的关注和看待

之所以列出这么多大学排名参考，就是想让对美国大学不太熟悉的读者在本书开篇之章对美国大学有个初步了解。美国大学有多种排名，若某篇文章或留学中介介绍美国某大学为全美排名第 xx 名，你最好问一声是哪份刊物给出的排名？如前所述，由于各刊物依据不同的资料和标准进行排名，所以各种排名不尽相同，反映不同的方面并有各自的问题，很难确定那个排名更准确或更具权威。但笔者个人认为《美国新闻与世界报道》杂志排名的参考性更强些。因为该杂志较早开始为美国大学排名（1983 年），积累的数据较全面，考虑的因素多，每年的排名连续性好，易于参考对比，其

被称之为世界理工大学之最的麻省理工学院（MIT），所有的自然和工程学科系都声誉斐然，培养了大批引领世界科技潮流的科学家和工程技术人才，自由的学术气氛和严谨的科学态度使 MIT 拥有了最好的科学实验室和研究机构，产生了众多的诺贝尔奖得主。

排名被美国的学生和家长们认可程度更高些。不管排名出自何处，如何受争议，这些排名对学生申请大学的选择太有影响，美国大学排名已成为学生和家长选择学校的一个重要标尺。

首先，从整体上来讲，排名基本上反映了美国大学在教育水平上的差异。稍加对比就不难看出，不管哪种排名，前几十名左右的学校们都是这些熟面孔。前几名中哈佛、耶鲁、普林斯顿、MIT 和斯坦福这几所大学总会出现，而排名稍后些的好大学每年在前前后后变化不大地变化着名次。不然请读者去查查前几年的各杂志排名，前后能相差多少？这在一定程度上反映了社会公众对这些优秀大学的认同。当然，常青藤盟校或与之齐名的那些学校似乎并不太在意自己的学校在某种排名中本年度是否前进或后退了几名，但许多综合排名靠后的学校确很在意。若某年度本校的某种排名提前了若干，那是可以大书特书的大事。学校网站或招生简章上也将今年的某排名及相关文章贴在明显之处，以为本校提高知名度和招揽好学生而找到支持点。对大学而言能够招来好学生是最重要和首先考虑的事情；对学生而言，多几份儿参考信息可以帮助自己了解哪所大学是适合自己的学校。笔者在这里列出的这些大学排名适当与否不是重点，旨在为读者将来选择学校提供一个大致参考的方向。所以建议申请人选学校时以《美国新闻与世界报道》杂志或《福布斯》杂志的大学排名为主，其他排名为辅地参考选校，并要确定学校自己声称的排名是以哪家媒体杂志给出的排名为准，以便更好地了解你想申请学校的实际定位。

其次是要更加关注了解排名稍后些的学校，其实大部分读者们对大学排名前几名的关注，如今年排名第一或并列第一是哈佛还是普林斯顿，是 Amherst or Williams, 并不太在乎。因为能进入这些排名前几之梦想学校的人实在是少数，大部分人真正关注的是那些排名在二十几名至五十几名，或五十几名至一百名之间的学校，这些是他们经过努力就很有可能去念书的好学校，关注这些学校名次的上升或下降，以及这些学校在人们心目中的实际定位。

《美国新闻与世界报道》杂志有一套复杂的排名计算公式，将众多的考虑因素变成数据，输入一个公式。2014 年版的排名，在原有的评判计算公式基础上进行了一些修改，新的评判标准减少了对大学录取新生的关注而加强了对毕业生的关注。在进行排名时，将与毕业生相关的数据升至占计算公式中的 30%，使其成为更重要的参考因素。而对与录取学生相关的因素，如录取新生的高中排名和考试成绩等数据则从原来公式中所占的 15% 降至 12.5%。这些变化对排名靠前的学校排位影响不大，但有些学校，由于他们很好的返校率（retention rate）、毕业率（graduation rate）、更多的奖学金和研究经费等，这些因素将增加该校在新排名方法中的优势，将他们的排名确提高不少，在排名前五十名中增加了新面孔，给渐渐让人觉得有乏味的排名注入了新内容。如：在排名前五十的学校 2014 年排名与去年相比的变化

- Boston University 上升 10 位，排名第 41，
- Peen State 上升 9 位排名第 37，
- Northeastern University 上升 7 位，排名第 49，
- Wake forest University 上升 4 位，排名第 23，

2014 年排名的这些变化，使得 US News 排名前 50 的综合大学中，波士顿地区就有 7 所，分别是 Harvard University（2）、MIT（7）、Tufts University（28）、Boston College（31）、Brandeis University（32）、Boston University（41）和 Northeastern University(49)；再加上波士顿外围地区的 Williams(1)、Amhers（2）、Wellesley（7）、College of the Holy Cross（25），Mount Holyoke college（28）等排名前 50 名的文理学院，美丽的波士顿地区不仅因历史上在美国地理位置的重要和文化底蕴的深厚而著名，更是名符其实的名校云集城市。

也许还可这样看其排名，对于排名在前 50 名的学校，排名位置的前后变动不

位于马萨诸塞州西部的史密斯学院（Smith College）是目前美国最大的女子私立文理学院。厚重的青铜大门，古老的锈红砖墙和新英格兰尖顶式建筑让人们感受着这所学院的传统教育和百年历史。今天的史密斯女子学院不只是为美国热爱学习的女孩提供机会，更是为全世界渴望学习的女孩打开知识大门。

多，单只看其排名位置参考意义不大，因为他们十几年来都是如此。但若把目光从排名前 50 名的学校移向排名后面的其他学校——排名 200 名之内，则从排名的动向可看出某大学的发展趋势，可为更多的学生选校时开拓思路。《华盛顿邮报》（www.washingtonpost.com/local/education）近期列出十几所在《美国新闻与世界报道》排名 200 名之内，近三年来排名上升最快与下降最多的大学，即以 2014 年排名与三年前 2011 年排名对比参考。这些信息对了解选择大学可能更有些意义，即选择学校时最好选择近几年排名有上升趋势的学校。

排名上升的大学

	上升排名位数	大学名称	2014 年 US News 排名
1	上升 31 名	San Diego State University	152
2	上升 25 名	Polytechnic Institute of New York University	128
		University of Massachusetts at Lowell	158
3	上升 21 名	University of Cincinnati	135
4	上升 20 名	Northeastern University	49
5	上升 17 名	Stony Brook-State University of New York	82
6	上升 16 名	Loyola University Chicago	101
7	上升 15 名	University of Rhode Island	152
		University of Louisville	161
		University at Albany-SUNY	128
		Boston University	41
		DePaul University	121
		University of Illinois-Chicago	128
8	上升 13 名	Brigham Young	62
		Florida State University	91
		University of South Florida	170
9	上升 12 名	University of St.Thomas	112
		University of Connecticut	57
		University of Vermont	82
10	上升 11 名	University of Buffalo-SUNY	109
		Temple University	121
		Clark University	75

排名下降的大学			
1	下降 38 名	Howard University	142
2	下降 25 名	University of La Verne	161
3	下降 22 名	Widener University	181
4	下降 20 名	Utah State University	190
5	下降 19 名	Colorado School of Mines	91
6	下降 18 名	Kent State University	201
		University of California-Riverside	112
		Montana State University	201
7	下降 17 名	Washington State University	128
8	下降 15 名	St. Louis University	101
9	下降 14 名	Immaculata University	190
		University of North Dakota	173
		University of California-Santa Cruz	86
10	下降 13 名	University of Dayton	112
		University of the Pacific	112

但这些纸面上的排名有时对某些学校来说并不一定反映其真实情况，会与公众心目中的排名位置有或高或低的差距。也许还可以这样理解，因为排名每年都会有变化，学校名次前后正负十名左右的变化都属正常，排名越靠后，这种变化带来的学校差距也会缩小。如排名第 5 的学校与排名第 20 的学校相比，整体水平有些差距，但排名第 50 的学校未必比第 60 的学校好很多，他们基本上是在一个教育水平范畴的。

还有，这些数据和排名的变化都是参考，今后一定还会有更多的学校在各种排名上起起伏伏，这里还暗含着杂志通过刊载大学排名来提高自己的知名度和扩大销量的商机，没有点变化的排名谁还来看，杂志又如何有卖点？并且大学之间对名誉的竞争也会影响其自身发展，例如，所有大学提供给杂志所要求的本校数据都是自行准备，没有相关机构审核，真实性全靠自律。因为入学学生的 SAT 成绩高低将会影响大学排名的名次，则曾发生过某些学校虚报录取学生的高中排名或考试成绩，以提高本校在排名中的名次等现象。且一旦学校排名提高，利好是显而易见的。会有更多的学生申请，生源充足则更有机会挑选好学生录取，更多的家庭将甘心付出那昂贵的学费；学校则资源渐丰，有能力用丰厚的报酬或奖学金向那些他们想要的好教师好学生伸出橄榄枝，吸引他们来校教书念书，从而更进一步提高学校的整体素质。所以排名对大学的重要性怎可小觑。

应该了解，许多学校并不支持这种排名，对排名的批评与反对声从未停止过。他们认为每个学校都有自己的办学目标、教育理念、教学特色和学术长处，绝非固定的评估条件标准或某个计算公式所能体现出来。有些学校对自己学校处于某些排名的名次不满，认为该排名不能真实地反映学校的教学水平和整体状况，本校有自己的教育理念，岂是某些杂志有资格评判。 有的学校甚至拒绝向相关杂志提供关于评判排名所需的各种数据，拒绝参加排名。反对声中最具代表性的学校就是位于俄勒冈州波特兰市的里德学院（Reed College），这是一所学术实力很强，有个性有特色的小型文理学院。尽管里德学院一直在《美国新闻与世界报道》的排名榜上有名，但自 1995 年开始里德学院就拒绝向该杂志提供任何用于排名的本校数据，并在本校的网站上详细解释了为何不参加排名的理由，还概括介绍了本校自 1983 年被《美国新闻与世界报道》排名第 9 名至 2013 年被排名第 75 名这 30 年间学校的发展和业绩，以此来抨击排名之弊病和不公。若有兴趣可以浏览一下，就当是对排名批评意见的了解吧。

所以对美国大学排名，无论是对之奉若神明还是颇有微词都不必太过纠结，即参考排名又不迷信排名，别太把排名当回事。排名只是帮助你了解美国大学的一个参考值或者选择学校的一个参考范围而不是金科玉律，不要被这些名目繁多的大学排名牵着鼻子走。在选择学校时端正心态，不仅按学校名气和排名来选择，还要参考学校的专业强项并根据自身的能力、兴趣和想学的专业等一系列综合因素来决定，这些后面的章节还要详细谈到。

CHAPTER 02

第二章 | 选择大学

美国本土辽阔，全国各地高校林立，大可任你随意挑选，货比三家。然而正确地选择一所适合自己的学校，不是一件容易的事情，它需要时间及大量的信息，需要思考与分析。选择学校时，申请人首先要对自己有一个自我评价，必须真实地面对自己，然后收集大量学校信息，找出自己想去的学校，对其进行全面了解。

第二章　选择大学

国本土辽阔，全国各地高校林立，大可任你随意挑选，货比三家。然而正确地选择一所适合自己的学校，不是一件容易的事情，它需要时间及大量的信息，需要思考与分析。选择学校时，申请人首先要对自己有一个自我评价，必须真实地面对自己，然后收集大量学校信息，找出自己想去的学校，对其进行全面了解。

第一节　搜集学校资料

一、因特网

收集资料这件事看似简单，但实际做起来，若有方向目的地通过捷径直接获取与撒网捕鱼般地东抓一把，西捞一下相比，在节省时间提高效率和所获信息方面将会相差甚远。在当今的信息时代，用英特网搜集大学资料已是必然的方法了。目前几乎所有美国大学都有网址供申请人直接上网查询本校信息，并可在网上填表申请，效率很高。与昔日单靠邮件越洋联系相比真是不能同日而语。学校的网址可通过各种搜索引擎轻易找到。各校的网页用简练的文字，生动的描述和代表性的画面尽可能地向来访者展示其学校中最瑰丽一面。有的学校还配有电影，学生讲话和校园歌曲等，以产生很好的多媒体效果，让申请人对大学有一个基本了解。

然而尽管因特网的功能可谓尽人皆知，但并不是人人都能善用它来寻找自己所需要的信息。联入因特网，犹如进入藏有阿拉伯宝藏的迷宫，一条条链接，好似一扇扇等待被打开的迷宫之门，打开之后新的图像一幅幅地展现，还有新门等待开启。通往你所需要的信息之路百转千回，如找到捷径，即正确的网址，几分钟之内就能找到所需信息，否则可能会在计算机面前呆坐数小时也一无所获。

下面列出的几个介绍和查询美国大学的主要网站，申请人要进去多转转，定会受益匪浅。

www.collegeboard.org

这是大学理事会（College Board）的网站，申请美国大学的学生必读的网站之一。网站所提供的信息，几乎囊括了申请人需要了解的所有内容。点击进入网站后可找到以下五方面的内容：

1、关于考试的内容（College Board Test），提供与SAT、ACT和AP（本书后面的章节将介绍和解释这些考试的作用）等与申请大学相关的这些考试的具体信息。如考试注册、测试和考试成绩公布的时间表、考试费用、介绍准备考试的最新书籍和动向等等。

2、申请大学的计划（Plan for College），对学生高中阶段的课程和课外活动的选择、考试时间安排、暑期计划和申请大学的具体步骤等等，提出了详细的建议。

3、查找大学（Find a College），网站可链接3600多所大学网址。可按照大学的类型、位置、规模、专业倾向和入学要求进行搜索。也可查询学校的费用、住宿和设施，申请截止期等其他信息。

4、申请大学（Apply to College），提供申请大学所需了解的各种信息，如申请准备计划表，如何准备入学短文，分析影响决定申请哪所大学的各种因素等等。

5、支付大学（Pay for Colleges），提供奖学金、政府和民间团体资助的各种信息。

以下几个网站提供的有关美国大学的各种信息也非常详尽，与大学理事会的网站很相近，只是各自的侧重点不同。因为网上提供的信息会经常变动，申请人应多去几个网站，将所搜寻的信息加以比较，以增强其准确性。

1、www.petersons.com 是以出版大学指南，SA（ACT）考试复习资料而闻名的出版商网站。

2、www.kaplan.com 是同样以出版大学指南，SA（ACT）考试复习资料而闻名的另一个出版商网站。

3、www.embark.com 也是查找大学信息最常用的网站。

其他可参考网站：

1、www.collegenet.com	6、www.collegeplan.org
2、www.acuinfo.com	7、www.collegexpress.com
3、www.studyusa.com	8、www.privatecolleges.com
4、www.collegeview.com	9、www.campustour.com
5、www.collegeQuest.com	

二、主动写信联系

通过因特网找到要申请学校的网址后，即可找到学校招生办公室的电子邮件地址。向你感兴趣的学校发送索取申请表及有关资料的电子邮件，试选20至30所学校作为初步联系对象。一般在电子邮件发出后二至三周内，就能收到所申请大学寄来的各种学校简介或招生简章。这些小册子图文并茂，内容风趣，大学生的青春活力跃然纸上。有些画册印刷制作得极其精美，让人用完之后都不忍丢弃。索取大学资料的英文信件参考内容如下：

Your Name
Home Address
Tel/Fax
Email address
Date

Office of Admissions
Name of the University
Address
Tel/Fax

Dear Admissions Officer:

This is XXX, I am a Junior/ senior at XXX high school in XX, China. I am a citizen of XXX （country's name） and will graduate in June / July of XXX year （date）. I am very interested in attending your school for the fall term of 2xxx. Could you please put me on your mailing list and send me any information that would allow me be familiarized with your school and application process.

I would highly appreciate receiving this information at your earliest convenience. Thank you for your prompt attention to these requests.

Sincerely yours,

Your signature

三、参考相关的书籍和刊物（英文书名在前）

市面上的大学指南之类的书籍非常多，介绍几本书籍和杂志作为参考：

1. *Get Into College*， by Hundreds of Heads Books, LLC;

2. Admission Matters, by Sally P. Springer, Jon Reider & Joyce Vining Morgan;

The College Handbook – International Student Handbook;

3. U.S. News & World Report – America's best Colleges，《美国新闻和世界报道》出版的杂志——《美国最好的大学》。一般在每年的 8 月出版的那期，介绍下一年的大学排行榜。

4. Collegeboarel 每年出版的"College Handbook。"

5. Barron's 每年出版的"Profiles of American colleges"和"Guide to the Most Competitive colleges"

若有机会去美国旅行，顺路去书店兜一圈，与申请大学相关的各种书籍真是琳琅满目，从如何准备考试，如何写入学短文，到如何排计划，如何申请资助等等，林林总总地排满了好几排书架。这些书籍全面地介绍了美国大学的情况和入学要求等大量信息。

四、向朋友和熟人咨询

这种方法略显片面与古老一些，因个人经历不同，也可能了解到书籍及正式文件中所了解不到的情况，还可以得到一些更为鲜为人知的具体详情，所以也是一条可行的信息通道。

第二节 查找与大学相关的重要信息

查阅学校的网址和学校简介时，进入学校网站，查阅学术（Academic）和新生录取一节（Admission），要关注以下几点重要信息：

一、新生录取方面（Admission）

1、大学对申请人在高中时选修课程和课时的要求（Academic Preparation）

以普林斯顿大学为例

1）四年英文课程包括写作练习（Four years of English including continued practice in writing）；

2）四年数学课程，若学习工程专业将包括微积分（Four years of mathematics including calculus for students interested in engineering）；

3）四年一门外语课程（Four years of one foreign language）；

4）至少两年的实验科学课程，对于对工程感兴趣的学生将包括物理和化学（at least two years of laboratory science including physics and chemistry for students interested in engineering)；

5）至少两年的历史课程，某些视觉和表演艺术课程。

申请人除了应满足大学要求的最低课程数量，普林斯顿大学还希望申请人能挑战自己尽可能地选择较难的课程，如能参加 AP 、 IB 课程、A-Levels 课程或水平高的荣誉班课程学习，以期能尽快适应大学难度较高的课程。

以上仅为举例说明，由于国际学生申请人大部分是在本国念的高中，其课程设置与美国高中的课程设置不一样，所以美国大学并不要求国际学生一定提供如美国高中一样的课程成绩。国际学生申请时只需提供自己所学过的高中成绩即可。

2、录取学生的基本标准（Basis for Candidate Selection）

关于美国大学录取新生标准的细节和考虑的相应问题将在后面论述，详见第三章。

1）申请过程（Admissions Procedure）

2）对考试的要求（Test requirements）

3）新生录取信息（Freshman Class Profile）

二、学术和教育方面（Academic）

1、学校资格鉴定（Accreditation）

2、学校可授予的学位（Degrees Offered）

3、学校可提供的主要专业（Undergraduate Majors）

4、学校是否提供一些特殊的学习计划，如独立学习计划、荣誉班、夏季班等（Academic Programs）

5、本大学获取学士学位的一般要求是什么（Graduation Requirements）

6、新生进入大学后第二年的返校率（Retention Rate）

三、财政方面（Financial）

1、大学费用（Expenses: Tuition，Room，Books and Misc）

2、经济资助（Financial Aid）

3、学校奖学金的提供（Scholarships and Grants）

4、学校提供贷款（Loans）

四、联系学校（Contact）

1、联系人名（Contact Name）

2、地址（Address）

3、电话 / 传真（Tel/Fax）

4、电子邮件地址（Email Address）

第三节　选择美国大学应考虑的因素

一、对自身的正确了解

1、学业目标和兴趣，资质水平如何：申请前应对自己的学业成绩正确评估。如果成绩和其他各方面条件确实优秀，则一定要试试申请美国的一流大学。

2、自学能力：美国的课程体系与教育方式与中国差异很大。美国教育侧重启发式，学生能否尽快地学习与掌握新知识与学生的学习主动性及课堂参与性有很大的关系。能在灌输式教育下取得好成绩的学生并不一定能适应较灵活的启发式教育模式。不善于自主学习的学生在选择赴美学习时应慎重考虑。如不能尽快改变自己的学习方式，加强自身在课堂上与老师和同学的互动能力，将来可能会面临一定的学习障碍。

3、适应环境的能力：学生赴美留学应具有较强的独立生活与思考能力，与人沟通能力以及善于改变自己以适应新环境的能力。对某些依赖性较强的人，如不能很快适应其面临的文化背景、生活习惯和语言不通等生存环境上的改变，很可能会因此而影响其学业。

4、英语能力：自己的英文水平是否达到了能在用英文授课教学环境中学习的程度，能否用英文完成大量的阅读、写作，并能正确地理解问题？如果英文没有到达一定的水平，学习将会面临很大的困难。

5、经济能力：选择大学时，学生要对自己家庭经济能力有明确了解。如家庭是否有能力负担你的全部大学费用？是否必须全部或部分地依赖经济资助或奖学金才能完成学业？你是否符合申请大学经济资助的标准（美国公民、国际学生）？虽然有些问题在申请人被大学录取时才能得到答案（如能否得到和得到多少经济资助或奖学金），但申请人必须对自己大学费用的来源有一个规划。

二、对所选择学校的正确了解

1、学校的申请难度和学校的排名参考

美国大学按其录取学生标准的高低，或其申请入学的难易程度，大致分为四类：

1）第一类：这类学校被称为最具竞争性的学校（Very Selective）。大约超过75% 的新生在高中年级时各项成绩名列前 10%。新生录取率很低，约在 6% 至 40% 左右。这些学校难进也难出。如常青藤盟校中被誉为“最容易进，最难毕业”的康奈尔大学，其 2014 年的录取率也仅在 17% 左右。大学招生时会仔细审核申请人的高中成绩、SAT 考试成绩和社会活动表现。大约在申请人数 28% 左右的学生可能会被录

取。这类学校的数量大约在 60 所左右。

2）第二类：这类学校被称为有一定选择性的学校（More Selective）。大部分申请人的 SAT 分数在平均成绩以上。大学招生时也会参考申请人的高中成绩，SAT 考试成绩和社会活动表现。大约在申请人数的 50% ~ 60% 左右的学生可能会被录取。这类学校的数量大约在 200 至 300 所左右。

3）第三类：这类学校被称为一般选择性的学校（Less Selective），数量为美国大学的大部分。申请人只要达到学校的最低入学标准即能被录取。SAT 考试成绩并不作为录取与否的标准，只作为被录取新生在大学选修课程的参考值。

4）第四类：这类学校为开放性招生学校，录取率为 100%。即录取所有申请入学的学生而不考虑学生的高中排名或考试成绩，如有些州立大学被要求录取所有申请该大学的本州居民。

2、学校的学术水平和专业倾向

申请人选择学校应首先考虑其学术水平、专业侧重、课程设置和它们之间的相互联系，确定这所学校所提供的教育能使你达到自己确定的学业目标。美国大学排名有的是按综合评分排定名次，即使排名在前的学校，也不是每个专业都是最好的。名牌大学也各有千秋，某些专业独具特色。如麻省理工学院的理工科名列前茅；加州理工学院的基础理论研究独步世界；卡耐基梅隆大学的计算机学科声名卓著；约翰·霍普金斯大学的生物医学独树一帜等等。有些大学虽排名较后，但其某些科系和专业却在业界里名列前茅。《美国新闻与世界报道》杂志也给出了以专业学科为主的大学排名，供申请人参考。所以选择时不仅要考虑学校的名次，还要考虑申请的科系是否也很有实力。

如果申请者能明确自己的兴趣所在，那么选择学校会相对容易些，只需将注意力放在寻找那些以你感兴趣专业为主的学校和提供与此专业有相关课程的学校就行了。然而大部分高中生在选大学时，并不十分清楚自己的专业取向和兴趣所在。在选择大学时多少带有些一时冲动或道听途说的偏见。所以如今美国一般大学都不要求新生入学时就确定所学专业，而是给你长达一年的时间去思前想后犹豫彷徨，到大学一年级结束时再选定专业。而且这种选择也不是一锤定音不可改变的，若你实在不喜欢所选专业或有了新想法，到了大学二年级甚至三年级时都允许改专业。只是那时你所担忧的主要问题将是改变专业后，能否在余下的时间里完成新专业所规定学习的课程而在四年里完成大学学业了。

3、学校规模的大小

美国大学的规模相差很大，由最少数百人至最多四、五万人不等。其主要的差异表现在如下几个方面：

1）在选课方面：规模大的学校科系多，课程设置内容广泛，学生选课的自由度大。相对地小学校则开课少，课程选择有限。但大学校师生比例大，老师对学生个人关注不够。而小学校则学生少，师生接触多，容易接受指导。

2）在授课方面：大型学校都为综合型大学，设有研究生院。许多知名教授多将时间与精力放在研究课题上，经常由其助手研究生来代替教授一些本科课程。而小型大学多为文理学院（Liberal Arts Colleges），没有研究生院，学校的全部精力都放在本科教育上，课程全由本校教授来教授，授课质量高。中国学生对美国的大型综合大学了解多些，而对这种小型文理学院不太熟悉。有些文理学院的教学质量非常好，中国学生应予以多关注。

3）大学校学生多，各类学生组织也多，校园娱乐活动也比较丰富。相对而言，小学校活动少，娱乐社交活动受限，但环境安静，适宜学习。有人抱怨大学校人海茫茫，人烟疏散，落入其中找不到自我；而小学校又过于紧密，每天都看同样的脸，新鲜感不多等等。总之，大有大的好处，小有小的优势，美国大学的好与差绝不是以学校的大小来区分的。学校规模大小虽然不是选择学校的重要因素，但对于个人确实有所侧重。有些人喜欢校园热闹，人气旺盛，每天新闻层出不穷的大学校生活；而有人则偏爱那种本人更受重视，朋友联系紧密，环境安静怡然的小学校生活；萝卜白菜各有所爱。

4、学校的地理位置

美国地域宽广，气候冷暖差异极大，所以学校地理位置的选择性也很大。在选择时可考虑以下几个主要方面：

1）气候：大多数学生对地理气候并不太在意，除非你的身体不适应寒冷的北方，或你对南方的某些植物过敏，使你必须对气候环境有所选择。

2）地理位置和生活方式：许多美国学生却对学校的地理位置很在意，因为这对学生日后的生活形式和内容很有影响。有些学生非常中意如纽约、旧金山和洛杉矶这样热闹非凡的大城市。学校设在大城市，四通八达，有商店、各式各样的餐馆、戏院和博物馆，业余生活丰富。但有可能城市治安差，不安全，并可能存在种种不利诱惑而影响学习。而学校设在小城镇，远离都市，相对比较安全，安静的环境更适合于学习。出门田园风光，民风淳朴，有其独特的乡野韵味。学生业余时间可在苍山翠峦中徒步，在湖光峰影中泛舟，在轻烟柳影中野营，在山舞银蛇中滑雪等等。但时间一长，没有了大城市的喧哗，有的学生未免觉得单调乏味。

有的地区高校集中，例如，马萨诸塞州波士顿地区是名副其实的大学城。那里云集了麻省理工学院（MIT）、哈佛大学（Harvard）、布朗代斯大学（Brandeis）、波士顿大学（Boston U）、塔夫茨大学（Tufts）、卫斯里女子学院（Wellesley）等众多所知名大学。整个城市及周边地区的生活都随着寒暑假日学生们的进进出出而起落。每年的秋季 9 月份开学期间，城市里大部分的生意都会因学生的返校而忙碌起来。城市的各大报纸也以大幅横标写上“欢迎学生返校”之类的大字。特别是卡布里奇（Cambridge）地区，大街上夹着书本的教授和背着书包的学生们来来往往。学生们三五成群地聚在一起时的欢声笑语，使这个大学镇到处都洋溢着一派欢快景象，充满了青春活力的气息。各学校之间也有许多学术上和文体方面的互动联系。学生甚至可以跨越学校界线去外校选择本校没有开设的课程，如哈佛和 MIT 的学生就可以互相跨校选课，学校都互相承认学分。再如，卫斯里女校的学生可以上一个五年学习计划课程，学生前四年在卫斯里学学院上课，第五年在麻省理工学院上课，毕业时可获得

布朗代斯大学（Brandeis University）是美国较年轻的研究型大学之一。这所由犹太人捐资兴建的大学，以理科最为出色。在教育方式上实行小班教学，大部分的课程由教授亲自教学，对学生的关注度高，是个很个性化的小型私立大学。

一个麻省理工学院的学士学位。这样，地域的优势就显现出来了。去念大学不单只是寻找念书求学的地方，也试着寻找一个适合自己生活的地方。

5、大学费用和资助（College Cost and Financial Aid）

大学费用的多少，申请该校是否能得到经济资助或奖学金，以及资助金额的多少，是选择学校的重要因素之一。对某些人来说，甚至是首选因素。最终到哪里念书，将取决于哪所学校提供的资助金额最多，其他因素都列在其后。有关内容详见第六章。

选择学校当然还有许多其他因素，如学校的安全如何，设施的新旧；是否提供校内宿舍；学术气氛是轻松还是压抑；学校都有什么样的学生团体，如兄弟会（Fraternity：全部由男生组成的学生俱乐部）和姐妹会（Sorority：全部由女生组成的学生俱乐部）等各种不同类型的学生团体。国际学生还可以重点查看一下学校的外国学生比

美国大学姐妹会的姑娘们，欢乐的大学生活和学生时代结下的友谊会一直延续到今后的生活中。

例和少数族裔学生的比例，以及学校的宗教取向对自己有否影响。有些美国大学带有某些宗教色彩，如布朗代斯大学（Brandeis University：犹太教），扬佰翰大学（Brigham Young University：摩门教），美国天主教大学（The Catholic University of America：天主教）等等。但申请人的宗教信仰不同，对被大学录取并无影响。多种因素全面考虑后，能够找到几所自己向往的名校，有自己喜欢的专业，地理位置理想，规模大小合适，能满足其他各项要求，还能提供奖学金或经济资助的大学，大概很难。选择学校是既要全面考虑又要有所取舍，而这取舍的因素又因人而异。选择大学时，可参照下表所列出的各项因素加以比较。

选择大学对照表：

选择大学时考虑的重要因素	大学 A	大学 B	大学 C
1. 学校的地理位置，是坐落在大城市还是小城镇			
2. 校园环境，是在市区、郊区还是乡村地区			
3. 学校的大小和学生的多少，是否有研究生院			
4. 国际学生录取的百分比			
5. 学校的类型：私立或公立大学、文理学院或综合性大学			
6. 大学排名			
7. 大学提供的主要专业范围是否有你感兴趣的专业			
8. 要求的考试，SAT 和托福考试的最低成绩要求			
9. 去年录取学生的 SAT 成绩范围			
10. 去年录取学生的录取率			
11. 大学的费用，包括学费、住宿和杂费			
12. 学生资助比例，是否为国际学生提供资助			
13. 入学申请和奖学金申请的截止日期			

第四节 选择美国大学的步骤

一、初选

美国的大学虽也被分类与排名，但没有像中国的大学有重点与非重点大学之分。理论上讲，对每个学生申请学校的数量并无限制。若不在乎申请费的花销，愿意申请多少学校都可。申请人实际选择学校时，可根据前述定出几条你认为会首先考虑的因素来进行初选。例如，首先假定你会认为学业兴趣、专业排名、地理位置这三条因素最重要，以此为准初选出 25 所基本符合要求的大学。然后按照学校专业排名的前后和录取率（Acceptance Rate）的高低，或按照对自己而言申请的难易程度，将其分为三类学校。

假定其中 10 所为一类学校，是你的第一选择（Reach School），是专业排名靠前，录取率很低，我们称之为具有学术挑战性（Academically challenged）的学校。这类学校一般都在美国顶尖大学之列。据你目前的成绩与水平，申请这类学校被录取的难度较大，但也不是毫无希望，是可以碰碰运气的美国好大学。如真的被录取，要做好在大学四年承受一定学习压力的准备（不好混）。

再假定其中另 10 所为二类学校，是你的第二选择，称之为合适（Fit Schools）的学校。据你目前的成绩与水平，申请这类学校被录取的可能性应大于 50%，被录取后应会很快地适应学校的课程。学习环境可能不会像一类学校那样具有挑战性与压力，一般能轻松愉快地上完大学。

余下 5 所为第三选择学校，这类学校被称之为安全性学校（Safety School）。据你目前的成绩与水平，申请这类学校，被录取的几率极高，或者说是在百分之 80% 至 90% 以上，可将这类学校称之为"保底"的学校。

有了这 25 所初选大学的名单以后，就要花时间和精力进行细选了。

另外，申请人可采用如 www.collegeboard.com 网站中提供的"大学搜索引擎"（College Search Engine）进行初选。该引擎功能强大，可链接 3600 多所大学的网址。若你已有心仪的学校，可在"快速查询 College"直接打入大学名称便可查询。若你没有任何目标，可根据搜索引擎提供的几个方面的多项内容进行选择，如：

1、学校类型（Type of School），可选择二年制和四年制大学，私立和公立大学，专科或语言学校等各种不同类型的学校。

2、学校位置（Location），可选择学校的位置，美国东部、西部、中部、大城市、小乡镇，铺开一张美国地图任你挑肥拣瘦。

3、学校的规模（Campus Life），可选择几千人的大型学校或几百人的小型学校。

4、课外活动和体育运动（Activities & Sport），查找哪几项课外活动和体育运动是该校的强项，并且是自己喜欢或擅长的。

5、学业倾向和学术特长（Majors & Academics），选择的学校有自己喜欢的专业。

6、入学要求（Admission），所选择的学校要求哪几项考试成绩，申请的难易程度。

7、费用和资助（Cost & financial Aid），查找大学的收费范围，提供哪种类型的奖学金，是否接收国际学生。

申请人在回答了搜索引擎提出的诸如你的专业兴趣，喜欢的地理位置等等各种问题之后，自动产生一个供申请人参考的学校列表。表中的每个学校都会有你所喜欢的专业，或学校位于你所喜欢的地理位置上。申请人可以此为初始资料，再进行分析和选择。

二、细选

有了初选名单后，首先向名单上的大学索取招生简章和学校简介，寻找网站。然后查阅和对比各项数据指标，比较各大学之间彼此的不同，看它们能提供什么水平的专业教育，能否满足自己的要求等等。美国有一些专业性很强的大学，如它们在工程、医学或计算机等某一领域里名列前茅，而其它专业则相对来说弱一些，或根本不提供。你可以选择这种单一专业性很强的学校，它能提供你想学习专业的大部分课程；也可以选择那种提供很多专业，其中也包括你想学的专业在内的多专业性学校，在你学习本专业的同时也可学习一些其他专业相关的课程。以便将来你忽然兴趣改变，尚有转换专业的能力和余地。美国大学系统的优势之一是允许学生自由地转换专业。

例如：你想学商业管理专业，你需要注意，在你有可能选择的学校中，在商业管理这个专业领域里能提供几种不同业务类型的选择？如果A学校能提供如会计、统计、贸易到企业管理等十一、二种不同类型的选择，那表明A学校的商业管理专业有一定的水平，对想学习此专业的学生能提供多方面的选择。而B学校的商业管理专业，只提供五或六种选择。从多种选择的角度来看，如没有其他因素考虑，在选校时，A学校则优于B学校。又例如：虽然有的申请者有一定专业选择倾向，但兴趣所在到底是什么还没有定下来。如可能学电机工程，也可能学计算机，也可能是信息工程等等。如果C学校能够提供全部你有可能选择的专业取向，而D学校只能提供一种专业选择，如没有其他因素考虑，选择C学校比选择D学校能提供明显的便利。即如果申请人今年选择了电机专业，第二年又想转入信息工程专业，在本校转专业比为了转专业而

特拉华大学（University of Delaware）是美国历史最悠久的几所大学之一，接受大量的公共基金，州政府研究经费和私人捐款，学校资金雄厚，被卡内基教育基金会归为特高研究型公立大学。虽位于特拉华州的西北部小镇，但出行方便，距费城和巴尔的摩市均在一小时车程内。

转到其他学校去要容易得多。

这样不断地比较，筛选和淘汰，最终选择 10 所左右的大学作为你将要申请的大学。选择哪几所适合你的能力及理想的学校去申请，是你一生中所作各项重大决定中最重要的决定之一。即使做出了决定，你很有可能会改变初衷，几次推翻原来的决定，重新选择。尽管如此，经过这样的反复，你会对自己要做的事情越来越了解，对自己想要的和能够得到的东西越来越清晰，选择学校和专业就是这样一个循序渐进的过程。

三、大学校园访问（College Visit）

前面我们所谈到选择大学的各方面，粗选也好，细选也好，都可谓纸上谈兵。在选择学校时，还有很重要的一步，即校园访问。正像我们准备买房子和买车这样高金额重大商品要看实物一样，无论它的照片如何精美，色彩如何鲜明，看照片也只能给购买者一个外观轮廓的大概印象，许多细节都无从了解。申请大学也是如此，无论大学手册或网站介绍的如何详细，你也只有亲临其境，才能有自己的切身感受，才能取得许多第一手资料。有时你会觉得照片上的校园与真正的校园完全是两回事。所以申请人只要有条件和时间，应尽量安排进行校园访问，访问结果有时甚至对是否最终选择该校起了关键性的作用。

大多数美国高中生访问大学校园的时间，一般都安排在十一年级的春季或十二年级的秋季。也有不少学生安排在十一年级暑假进行。只是那时在校学生很少，静悄悄地感受不到校园气氛，不能随时与在校学生进行一些面对面的交流。如果申请人想进行校园访问，可先从网上查询学校安排的访问时间表。若想参加学校安排的小组校园巡回参观，许多学校都要求访问者事先预约，进行网上报名。申请人在访问校园之前，一定要做些功课，了解学校的大致情况，思考几个自己最关切的问题询问，并在参观时随时记录下自己的感受，以便做最终决定时的参考。

四、选择学校时的注意事项

1、对于中国学生来说，中国政府只承认经过认证的大学学位和学分。所以，选择美国大学，一定要核实其是否经过认证。

2、选择学校时要参考各种机构提供的大学排名，但由于排名是一项很复杂的工作，没有统一的标准和固定的模式。所以，无论哪种排名，都仅起参考作用，千万不要太迷信排名。选择美国大学时，要将大学排名与其他因素共同考虑。虽然学校的名气是吸引学生选择的主要因素之一，但并不是所有的好大学都适合你，都能提供你所真正需要的教育，应选择适合你的大学。

3、选择大学最重要的是动手要早，如果你在十二年级的 11 月份才开始思考选择大学的事情，而 12 月 31 日就是申请截止期，那就绝对没有时间从容不迫地做你要做的事了。

4、选择学校时要查看学校实质性的内容，如各专业的情况，本科教学质量，是否有希望得到学校资助等等是否符合你的要求，而不要被印得花花绿绿的大学招生简章，设计漂亮的网页所迷惑。

5、选择学校时不要把精力全部放在你的第一选择上，第二选择和第三选择也要精挑细选。因为你很有可能会进入你的第二或第三选择的学校去读书，如果没有经过仔细思考就随便挑选一所，真的要去念书时又不喜欢那里，日后还要考虑转学，也挺麻烦的。

总之，选择申请哪所大学去申请，是申请美国大学的第一步，也是关键的一步，也常常是最容易被忽视的部分。有些人认为，美国那么多的大学，随便挑几所申请就行，或身边张三李四去了某个美国大学感觉挺好，就申请这个吧。若一开始选择的学校不适合，那以后所有的申请步骤都受影响，甚至做无用功而浪费时间。即使最后被学校录取，你到底是去还是不去？去吧，不太喜欢或觉得不合适，不去吧，所有的时间和精力或许还有钱财（报名费）都已付出，若想重新再来一遍确已没有心气去做了。

CHAPTER 03

第三章 | 美国大学录取新生的参考标准

美国大学特别是那些排名靠前的好大学校，究竟以什么标准来衡量录取新生？他们想要什么样的学生？自己是否符合所申请大学录取学生的标准？这是每个正在申请美国大学的学生最想了解的一个问题。因此，明确什么样的学生是你所申请的学校真正想要的学生，努力使自身的条件符合学校的录取标准。并且对于那些申请美国顶尖大学的学生来说，即使你符合了这些大学的录取标准，也不能保证你一定被录取。你还要努力，争取在与其他同样符合录取标准的申请人竞争中胜出，才有可能被录取。这是申请过程中最重要的一部分，也是最困难的部分。本章尽可能全面地介绍一般大学的录取标准，并着重讨论美国顶尖大学录取学生所考虑的主要因素。若申请人能做到基本符合本章所谈的录取标准，那不仅被顶尖大学录取有望，被其他大学录取的把握就更大了。

第三章 美国大学录取新生的参考标准

一旦申请人决定了将申请哪几所大学之后，其注意力则需转入如何才能被你所申请的大学录取这方面来。前面的章节曾谈到过，美国没有统一高考，没有最低高考录取分数线。在大学录取学生的各项标准中，均为参考值，没有哪一项是绝对必要的。各大学录取学生各行其是，拥有绝对的自主权。

一般来讲，所有的学校都要求申请人达到本校录取要求的某些最低参考标准（以下将参考标准简称“标准”），这些标准因校而异，但都不外乎是对申请人高中时期所学课程的要求，学生高中平均成绩、考试成绩的要求和课外活动表现的考察等等。只是好学校要求的标准高，差一些的学校要求标准低。有招生严格，录取率仅在 5~6% 左右的顶尖大学，也有实行开放式招生政策，来者不拒，100% 录取率的大学。美国好大学的大门虽只开了条门缝，人们趋之若鹜般地蜂拥而至，仅有一般花拳绣腿的功夫恐怕很难挤进去；而差大学的大门敞开，敲锣打鼓般地招揽学生，却门可罗雀。

所以本章所谈的录取标准，是指美国的好大学的录取标准，即想申请美国好大学的申请人需要了解的事项。而那些来者不拒交钱就录取的学校，不在本章讨论的范围之列。

美国大学特别是那些排名靠前的好大学校，究竟以什么标准来衡量录取新生？他们想要什么样的学生？自己是否符合所申请大学录取学生的标准？这是每个正在申请美国大学的学生最想了解的一个问题。因此，明确什么样的学生是你所申请的学校真正想要的学生，努力使自身的条件符合学校的录取标准。并且对于那些申请美国顶尖大学的学生来说，即使你符合了这些大学的录取标准，也不能保证你一定被录取。你还要努力，争取在与其他同样符合录取标准的申请人竞争中胜出，才有可能被录取。这是申请过程中最重要的一部分，也是最困难的部分。本章尽可能地全面介绍一般大学的录取标准，并着重讨论美国顶尖大学录取学生所考虑的主要因素。若申请人能做到基本符合本章所谈的录取标准，那不仅被顶尖大学录取有望，被其他大学录取的把握就更大了。

第一节　美国大学录取新生的参考标准

一、新生录取信息（Freshman Class Profile）

首先在你想申请的大学网站上或大学资料简介中寻找该大学公布的当年新生录取信息，这是申请人了解该大学录取学生标准的最好途径之一。

1）去年申请该校的学生总人数（Number of Applications），去年被该校录取的总人数（Number of Accepted）和去年被该校录取的申请人中实际到校注册的人数（Number of Enrolled）。通过这三个数字，可以得出两个重要数据：即该校的学生录取率（Acceptance Rate %，被该校录取的总人数与申请该校的学生总人数之比）和该校的实际入学率（Yield %，被该校录取的申请人中实际到校注册人数与被该校录取的总人数之比）。

2）录取率（Acceptance Rate%）的高低反映了进入该校的难易程度，美国顶尖大学的录取率很低，一般在 10% 至 30% 之间。例如常青藤八校，在 2005 ~ 2006 年度的新生录取率分别为哈佛：11%、耶鲁：10%、普林斯顿：13%、哥伦比亚：13%、布朗：17%、达特茅茨：19%、宾州大学：21%、康奈尔大学：29%。但近年来由于大量的国际学生（特别是中国学生）申请人的迅速增加，使美国的好大学的录取率一再降低。2013–2014 年度的新生录取率分别为哈佛：5.8%、耶鲁：6.9%、普林斯顿：7.4%、哥伦比亚：6.9%、布朗：9.2%、达特茅茨：10.4%、宾州大学：12.2%、康奈尔大学：15.6%。各校录取率每年不同，但数据上下波动不大。录取率稍高些的大学录取率则一般在 20%~45% 之间。（数据来源《美国新闻与世界报道》杂志的排名 2015 版）

3）实际入学率（Yield）也很重要，它的高低在某种程度上反映了学校声誉。学校录取率高而实际入学率低，则说明此校对学生的吸引力不大。在美国，高中生申请大学时，为了使被录取的保险系数大一些，一般每个人都申请多所大学。有些大学是申请者真正想去的好大学，而有些学校则是被学生当作“保底”学校来考虑申请的，实际并不太想去那里读书。一旦被好学校录取，就弃之而去。所以有些学校的申请人数虽然很多，录取率也不低，但实际报到注册的人数（Actual Total Enrolled Students）却不高。这些学校也了解这些学生申请此校的用意，有时就会用高额奖学金、免学费和提供特殊荣誉班教学等措施来吸引这些好学生，以此来提高本校学生群体的素质，从而提高本校的声誉。美国大学之间对好学生的竞争非常激烈，学生实际报到注册率越高，说明该校对学生吸引力越大。即使是常青藤盟校，也不会被所有的录取者选择，有些自身竞争力强的学生会同时申请好几所顶尖大学，若有幸同时都被录取，

在耶鲁大学的主校园里有一尊纪念老校长西奥多·伍尔西（Theodore Woolsey）的铜像。这位身为希腊语的教授，坐在有希腊古典风格的座椅上，身穿古典式长袍，面带沉思。椅子背子用希腊铭文写着“卓越、聪慧、公正”几个字，提醒师生们尊重学术，追求光明和真理。

但又只能选一所去读，就会使其他学校流失了入学名额。 如哈佛的实际入学率约为80% 左右。

4）录取新生的 SAT I（ACT）分数概况，如 SAT I 分数在某一分数线之间的学生比例，录取新生的平均 SAT I 分数等等。申请人可依据此数据作为给自己定位的参考标准之一。如果你的 SAT I 分数比某校的 SAT I 平均分数低，那这所学校可作为你的具有挑战性的目标学校（Reach School）；如果你的 SAT I 分数在某校平均分数范围上下，这所学校可以作为你的合适学校（Fit School）；如果你的 SAT I 分数高于平均分数许多，那这所学校可作为你的保底学校（Safety School）去选择。关于 SAT（ACT）考试，将在后面的章节加以详细介绍。

5）录取新生在高中时排名状况，如排名在前 10% 的学生占录取学生的比例，排名在前 15% 的学生占录取学生的比例是多少，这些反映了新生的学术素质。但近年来，有些美国大学被发现提供不实的考试成绩和夸大新生在高中的位置以争取在某些杂志的排名中提高名次。所以现在不少美国高中在向大学介绍本校高中毕业生时，拒绝提供学生高中排名的信息。有些大学在本大学公布的新生录取信息里，也取消了高中排名这一项。

6）新生的整体状况，如本校申请总人数、招生地理分布状况、国际学生和少数族裔学生的百分比等等。

在以上这些因素中，录取新生的分数概况，录取率和实际入学率这几条因素最直观地被称之为学校的脸面。美国顶尖大学以最好的 SAT（ACT）成绩范围、低录取率、高实际入学率，明明白白地向公众显示了她们在人们心目中的荣誉与声望，年年将学生和家长的视线吸引过来。

若想了解你要申请的学校当年学校录取学生的情况： 进入该校网站，查“新生录取简介”。且“录取新生简介”的英文表述在不同的大学网站有不同表述，如 Freshman Class Profile, 或 Profile of Admitted Students, 或 Incoming Class Profile, 或 Prospective Student Profile, 或 Statistics for the Class of 20xx 等等。

下面以长青藤盟校之一的宾夕法尼亚大学（The University of Pennsylvania）2018 届学生（即 2014 年秋季入学，2018 年夏季毕业的学生）录取新生信息为例。使读者心中有个数，美国的好大学录取的是什么样的学生。这些信息在学校网站上都可查到，关于提前申请的方式将在后面的章节将予以解释。

1. 宾夕法尼亚大学 2018 届新生录取信息（Incoming Class Profile ，Statistics for the Class of 2017）:		
申请人总数 （Total Application）35,866	被录取人总数 （Total Admitted）3,718 （正常录取率 10%）	实际到校注册人数 （Total Enrolled）2,425 （实际入学率 65%）
申请提前决定人数（Early Decision Applicants） 5,141	12 月份提前被录取的人数（Total Admitted in December） 1,299（提前录取率 25%）	申请提前决定后被学校延迟决定是否录取而最终被录取的人数（Early Decision Deferred and Later Admitted）125

2. 2017 届招生地理分布状况（Geographic distribution of the Class of 2017）			
分布地区 （Distribution Areas）	人数	分布地区 （Distribution Areas）	人数
亚洲（Asia）	133	中南美洲和加勒比海地区	31
加拿大（Canada）	38	Central&South America/Caribbean	1
墨西哥（Mexico）	9	阿拉斯加 Alaska	4
非洲 / 中东 （Africa / Middle East）	42	夏威夷 Hawaii	7
欧洲 / 英伦岛屿 （Europe / British Isles）	58	波多黎各 Puerto Rico	1
澳大利亚 / 太平洋岛屿 （Australia / pacific Islands）	5	美国海外服务	

国际学生总数 （Total International Student）341	国际学生来源于 69 个国家 （69 Number of different Countries）	国际学生占全部学生的总数 14 % （percent of Class）

3. 申请人的高中成绩（High School Achievement）

学生的高中成绩是宾夕法尼亚大学在选择学生过程中最重要的因素。然而，由于评分和排名政策在美国各地区和全球各国家是不同的，因此很难用单一的指标来评判学生在校学习成绩的优秀与否。最具竞争力的申请人应选择本校可提供的最难的课程并取得最好的成绩。

（Performance in high school is the single most important factor in the student selection process at Penn. However, because grading and ranking policies are different around the country and globe, it is difficult to pinpoint one metric for a student's success in the classroom. The most competitive applicants have pursued a rigorous program of study and achieved top grads in the context of their school.）

宾夕法尼亚大学曾将被录取学生在高中的年级排名与被录取的百分比（Rank and Percent Accepted）公布在此。但由于许多人对排名评判标准的质疑，该大学取消了公布这项内容。学校虽然不以排名来衡量申请人，但学生在本高中选课的难易程度和成绩好坏仍是录取的重要标准之一，这些内容后面还会谈到。笔者注:

4. 入学学生的成绩分布状况 被录取学生中间 50%（即从 25% 至 75% 的学生）的考试平均值 Testing Means for the Middle 50% of Enrolled Students （25th ~ 75th Percentiles）。	
测试项目 （TEST）	成绩范围（RANGE）
SAT：阅读 Critical Reading	670 ~ 770
SAT：数学 Math	690 ~ 780
SAT：写作 Writing	690 ~ 780
ACT：综合考试成绩 ACT Composite	31 ~ 34
5. 报到注册学生整体概况（Characteristics of Enrolled Students）	
Incoming Class By Gender	Percent of Class
Female	51%
Male	49%
所有信息以 2014 年 9 月 16 日为准（All information is accurate as of Septement 16, 2014，信息来源 www.admissions.upenn.edu）	

看了这个表格，申请人就会对宾夕法尼亚大学的学生群体有了一个大概的了解。其他学校提供的信息大同小异。

二、新生录取参考标准

一般地说，美国较具竞争性的大学和顶尖大学，在录取学生时的衡量标准或参考因素很多，一般分为学术（Academic）和非学术（Nonacademic）两个方面。下面较详细地列出大学都可能采用哪些标准来衡量申请人（衡量标准并不仅限于下面列出的这些，并且有些大学虽也参考下列标准来衡量学生，但标准分类有些不同）。

1、学术方面因素（Academic characteristics and attributes）

1）直接衡量的标准（Direct Measures）

01）否被推荐学习 AP，IB 或荣誉班的课程（Attend AP, IB or honors course）

02）学生班级排名（Class Rank）

03）所选修的高中必修课程（Core required curriculum）

04）所选修的必修课程之外的其他课程（Course beyond core curriculum）

05）在高中时所选修的大学课程（College courses while in high school）

06）高中平均成绩（Grades-GPA）
07）是否在感兴趣的学术领域里参加过实习工作（Internships in area of academic interest）
08）是否参与学业提高班的学习（Participation in enrichment or outreach programs）
09）高中阶段学习成绩走势，即总体成绩是呈向上趋势还是向下的趋势（Pattern of grade improvement during high school）
10）高中选修课程质量，既课程的难易程度（Quality of curriculum）
11）是否参加大学预科课程（Solid college-prep curriculum，4 years in each subject）
12）高中十二年级的学业表现（Strength of Senior Year）
13）考试成绩，如 SAT，ACT 和 AP 考试（Test Scores, SAT and ACT, AP, etc）

2）所就读高中的质量（Caliber of High School）
01）平均 SAT 或 ACT 的考试成绩（Average SAT scores）
02）有具竞争力的高中学习成绩评分系统（Competitive grading system in high school）
03）有具竞争力班级（Competitiveness of class）
04）高中毕业生读四年大学的百分比（Percentage attending 4-year colleges）
05）高中课程的强度，包括可提供 A P 课程和荣誉班课程的数目（Strength of curriculum including availability of AP, honors）

3）学生素质评估（Evaluative measures）
01）学术方面的荣誉和奖励（Academic recognition and awards）
02）艺术天分（Artistic talent）
03）根据学生的兴趣，其在某一学术领域里所了解的深度（Depth in one or more academic areas related to student interests）
04）对学术研究所表现出的热情（Evidence of academic passion）
05）对时势的关注（Grasp of world events）
06）在学术研究方面所表现出的独立性（Independent academic research）
07）是否聪明好奇，对不明白的事物喜欢探个究竟（Intellectual curiosity）
08）英文词汇量和英语掌握运用能力（Sophisticated vocabulary and command of the English language）
09）写作能力（Writing quality）

10）入学短文（College Admission Essay）
11）推荐信（Recommendation Letter）等

2、非学术方面因素（nonacademic characteristics and attributes）

1）个人背景（Personal Background）

01）亲属中是否有本校校友（Alumni connection）
02）文化背景多元化（Cultural diversity）
03）亲属中是否有本校教职员工（Faculty/staff connection，即本校员工的家属）
04）家中第一代上大学的人（First generation to go to college from family）
05）低收入家庭背景的人（Low-economic family background）
06）退伍军人的家属（Military veteran）
07）性别（Sex）
08）为高校中学生中人数不多的少数民族（Underrepresented minority）

注：申请人的背景中若有上述因素在内，则有可能被某些美国大学列入优先考虑的范围之列。这点后面章节还要详谈。

2）地理因素（Geographic）

01）学生来自于学术气氛不浓厚的学校（Academically disadvantaged school）
02）学生来自于经济不发达地区（Economically disadvantaged region）
03）学生来自于边远地区（From far away）
04）学生所就读的高中被本校录取的学生很少或没有被本校录取的先例（From school with few or no previous applicants）

注：申请人若来自上述环境较差的地区且本人表现优秀者，也许能表明该学生敢于克服困难条件，自强不息，也有可能被列入优先考虑的范围之内。从某种程度上讲，来自上述所谓美国的贫困地区或边远地区的优秀学生比那些来自大都会地区且家庭条件优越的学生更具竞争优势。

05）学生来自于本州（State resident）
06）学生来自于大学附近的社区（From local community）

3）课外活动，社区服务和领导才能（Extracurricular activities, service and leadership）

01）奖励和荣誉，包括体育、艺术、音乐等方面的奖励（Awards and honors of athletic, artistic, musical and civic aspects）

02）社区服务和义务工作（Community service, Volunteer）

03）在学校和社区活动中的参与和影响力（Impact student's involvement had on school and community）

04）领导才能（Leadership）

05）参与活动的质量和深度（Quality and depth of involvement）

06）工作经验（Work experience）

4）个人品质（Personal attributes）

01）艺术才能（Artistic talent）

02）个人品质（Character）

03）文化修养（Cultural awareness）

04）勇于承担义务（Commitment to high ideals）

05）关心他人（Concern for others）

06）热心社会活动（Concern for the community）

07）为人处事表里如一（Consistent follow-through）

08）有创造力（Creativity）

09）敢于做决定（Determination/Grit）

10）多视角观察问题和事物（Diverse perspective）

11）努力奋斗（Effort）

12）求知欲强（Enthusiasm for learning）

13）做事持之以恒（Evidence of persistence）

14）容易与他人沟通（Gets along well with others）

15）办事积极性高（Highly motivated）

16）主动性强（Initiative）

17）有见识（Insight）

18）独立思考（Intellectual independence）

19）有潜在的领导才能（Leadership potential）

20）成熟（Maturity）

21）有目标（Motivation）

22）创新（Originality）

23）自身表现（Personal presence）

24）遵守诺言的人（Personal promise）

25）有效地利用时间（Productive use of time）

26）值得信赖（Reliable）

27）责任感强（Responsibility）

28）有团队合作意识（Team player）

29）有坚韧不拔的毅力（Tenacity）

30）对生活和事物采取宽容态度（Tolerance）

5）可以理解的特殊情况（Extenuating Circumstances）

01）有家庭问题的学生（Family problems）

02）由于经常搬家而进入不同学校学习（Frequent moves/many different schools）

03）健康状况问题（Health challenges）

04）英文不是第一语言的学生（English is not the first language）

05）在家与在学校用不同语言（Language at home）

06）战胜个人逆境（Overcoming personal adversity）

07）承担部分家庭责任（Responsibility for raising a family）

08）成功地面对艰难与困境（Success in face of unusual hardships or demands on time）

6）其他（Others）

01）表明对本大学很感兴趣（Demonstrated interest in college）

02）表达能力强（Effective oral communication）

03）面谈印象深刻（Interview impression）

04）该学生是否适合在本大学学习（Is student good match for institution）

05）该学生是否适合他所选择的专业（Is student good match for intended major）

06）个人综合材料很有竞争性（Strong personal statement）

被美国大学录取的学生可能要经如此众多的标准来衡量，涉及诸多方面，似乎有些不可思议。当然无人能完全达到以上列出的各项标准，申请人若能达到这些标准中的几条，就已经不错了。这里只是将这些标准罗列归纳在一起，给读者一个美国顶尖大学录取标准的参考范围。了解这些标准的实际意义是帮助申请人在申请大学之前先用这些标准来衡量一下自己，看看自身的条件有多少能与上述标准相吻合或相近似，吻合得越多，自身的竞争力就越强。

现将上述这些标准和美国顶尖大学（Top Universities）在录取学生时衡量参考的主要标准归纳为以下六个方面予以重点讨论：

1、学生们在高中时的学术表现（High School achievement Record, GPA）

2、考试成绩（Test Record）

3、特殊才能和录取学生多元化（Diversity）

4、入学短文（College Admissions Essay）

5、推荐信（Recommendation Letter）

6、面试（Interview）

在这六个因素中，申请人的“高中成绩”、“考试成绩”等信息都是已发生过的事情，申请时不能随意改动。如考试成绩是什么，就要如实地写入申请表中，无论好与差都不能改变了。而“入学短文”、“推荐信”和“面试”这三部分则非常灵活，在申请大学时很有文章可做。入学短文是申请人自己写自己，推荐信是别人写申请人，而面谈则是以上两者的进一步信息补充。他们是互相联系，互为补充地共同向招生人员传达申请人的全面信息。例如，入学短文可以显示你的英文写作能力、对问题思考的深度与广度和对事物的判断能力；推荐信反映出他人对你的客观评价，如智力水平、学习能力、与同学的关系和其他各方面的能力；面试可显示你的口头表达能力、与人沟通的技巧以及个性成熟度。通过这些信息，招生人员能够在学术潜力、非学术才能和个人素质这几个方面基本勾画出申请人的大致形象。而申请人则要充分利用这三条渠道尽量向招生人员传达自己最想让他们了解的正面信息，并充分地扬长避短，让招生人员对你有深刻的好印象。

每年申请美国好大学的学生成千上万，就凭那几张薄薄的申请表格，大学招生人员如何能独具慧眼，从中分出仲伯呢？下面几节分别详细谈谈这些方面的具体内容。

第二节 高中学术表现和课程设置

美国的高中为四年制，从高中九年纪开始到高中十二年级。中国国内中学体系的初中三年级相当于美国中学体系的高中一年级，或称之为九年级。以此类推，中国高三年级即为美国高中十二年级。虽然中国中学的学制体系和课程设置与美国中学不尽相同，中国学生了解这些内容的主要意义在于申请美国大学时，如何将自己的中学成绩，合理地转换成美国大学要求的申请格式，正确地展示自己的学业成绩和学业强项。

一、美国大学一般从四个方面审核申请学生的高中在校成绩（High School Achievement Record）

1、学生成绩单上的成绩，即学生平时各科的课堂成绩，以英文字母对应的ABCDF来表示学生成绩的优良中差和不及格。中国学生在递交其成绩单原件时应附加一份经过公证的英文成绩单。

2、平均成绩（GRADE POINT OF AVERAGE，简称GPA），GPA的计算方法如下：

将本学期各科所得成绩转换成点数，将所有点数相加之“和”再除以本学期所学学科数目，得出本学期GPA数值，通常以GPA 4.0为最高值（有的学校会根据学生选课的难度，给予附加值，使GPA值高于4.0）。一般情况下，学生成绩的分数、对应的等级和点数关系如下表所示，但有时分数的范围与对应值的关系会根据学生的成绩有所调整。例如，可能会将成绩等级“A”的分数范围定在93 ~ 100或者95 ~ 100分数之内等。

学生分数	成绩等级	换算点数
91 ~ 100	A 优	4.0
81 ~ 90	B 良	3.0
71 ~ 80	C 中	2.0
61 ~ 70	D 差	1.0
0 ~ 60	F 不及格	0

如某学生本学期选修5门课程，成绩分别为A、B、B、C、A，其GPA值计算为：

GPA=（4+3+3+2+4）/5=3.2，中国学生可依此换算关系得出自己高中成绩的GPA值。

3、年级排名（CLASS RANK），申请人的各项总成绩在全年级学生排名中的名次。

有的学校以申请人的排名数字为准，如排名第五或第十。有的学校以排名百分比为准，如排名前10%或前5%，也有少部分学校不提供排名。

4、选修课程难度，既学生是选择一般的课程还是选择难度较大的AP或IB课程。中国高中学生一般不能自主选课，所以不存在选课难易与否的问题。

二、高中选课难度问题

因为美国大学招生人员在考查申请人的学校成绩时，不单只看你取得的分数是 A 或 B，总分 GPA 是多少，还要将成绩与你在高中所选课程的难易程度联系起来看。所以着重谈谈这个问题。大多数美国高中的课程按难易程度分为普通班（Regular Class）、荣誉班（Honor class）和 AP 课程班（Advanced Placement）。国际学校还有 IB 课程班（International Baccalaureate）。学生不是喜欢上哪种程度的课就可以自己去选上，大部分学校对学生选择学哪种课程有一套非常严格的规定。学生不仅要成绩优秀，老师推荐，还要按学校要求的一定步骤才能被选入荣誉班和 AP（IB）课程班学习。以下简单介绍一下 AP 与 IB 课程。

1、AP 课程

AP 课程是全称为“高级课程班”（Advanced Placement）的简称，是由美国大学委员会（College Entrance Examination Board，简称 CEEB）在美国高中设立的一个教育项目。旨在为成绩优秀天资聪颖的高中生提供机会，允许他们在高中时期提早选修大学水平的课程。AP 课程通常是由教学经验丰富的教师，根据 CEEB 制定的教学大纲予以教授，其难度相当于美国大学一年级的基础课程。AP 课程有 19 个学科课目和 34 门课程，如微积分、物理、化学、经济、英文写作、文学、计算机科学、美国政府与政治、美国历史、欧洲历史、各种外语等等，课程包括范围很广，每个科目课程学习一年。不是每所高中都能开设全部的 AP 课程，开设课程的多少，要根据本高中的师资能力和教学条件来决定。学生也要根据学校规定和自身能力去选修一门至多门的 AP 课程。

如果 AP 课程考试成绩好，有可能直接申请大学学分，这是参加 AP 课程学习的一个最直接的好处。在学生完成一年 AP 课程学习后，ETS（教育考试服务中心 Educational Testing Service，简称 ETS）每年 5 月份举行 AP 考试，7 月初可得知考试成绩。考试成绩从 1 分到 5 分，5 分为最高成绩。许多大学都以 4 分以上为好成绩，并允许新生以免修某些大一引导课程（Introductory Coursework）并给予大学学分。例如申请人的微积分 AP 考试成绩为 5 分，如果你所上的大学承认这个成绩，那你在大学一年级时就可以不选这门课程而同样可以获得这门课的学分。这样你就可以有精力选修其它感兴趣的课程学习。AP 考试成绩被大学承认得越多，获得的学分就越多，学生就有更多的时间选修大学其他课程，有可提前完成学业，甚至四年可获得双学位。但也有些大学不接受 AP 考试的成绩作为抵消大学课程学分的依据，各大学对于接受 AP 课程成绩的政策不同，申请时要注意查询。

如想获得关于 AP 课程更多更详细的信息，可查询 www.collegeboard.com，或可向下列地址索取：

Advanced Placement Program

P.O Box 6671

Princeton, NJ 08541-6671

免费电话：美国国内：877 274-6474，美国国外：609 771-7300

2、IB 课程

1）IB 课程简介

IB 课程全称为国际预科证书课程（International Baccalaureate Diploma Programme，简称 IB 课程）。它是由国际文凭组织（International Baccalaureate Organization，简称 IBO），一个非营利性质的教育基金组织，为高中学生设计的一组为期两年的课程。

IBO 正式成立于 1967 年，是在联合国科教文组织注册登记的国际教育组织。总部设在瑞士的日内瓦。在亚洲、欧洲和美洲许多地区都分别设有办事处，负责管理和评估各区内可以提供 IB 课程的学校。目前在全世界有一百多个国家与地区，千余所 IB 成员学校，按照 IBO 的教育理念和课程体系向学生提供 IB 课程教育。许多世界和美国顶尖大学都承认 IB 课程的文凭。

IBO 的教育理念是通过涵盖面宽又相互平衡并极具挑战性的教学课程，帮助学校努力发展青年人的个人才学，教会他们把教室里学到的知识与外部真正世界相结合。除了严格的全方位知识传授和高标准学业要求，特别强调培养学生具有国际化标准的判断意识和有社会责任感。最终，IB 学生应成为具有批判性和同情心的思想家，终生学习的学者，熟悉当地及世界事务的参与者，尊重各种文化及多姿多彩生活方式，与各民族人民共享人类文明的人。

IB 高中课程是为高中十一和十二年级学生设置的两年制大学预科课程。IB 课程不以世界上任何一个国家的课程体系为基础而自成一个体系，广泛吸收了当代许多发达国家主流课程体系的优点，涵盖了其主要的核心内容。因此 IB 课程体系即具有与世界各国主流教育课程体系之间的兼容性，又有自己教育理念发展下的独特性。

2）IB 课程体系

IB 课程分配在六个基础学科领域里，学生既要学习科学科目，又要学习人文科目。

所有参加 IB 文凭项目的学生，必须在这六个学科组中每组选一门课程进行学习。每一门课程又分为高级课程 HL（Higher Level）和普通课程 SL（Standard Level）。所选择的六门课程中，三门必须是高级课程，另外三门是普通课程。

第一组：语言 A（Language A），学生的母语学习。

第二组：语言 B（Language B），母语以外的其它现代语。

第三组：人文科学（Individuals and Societies），包括历史、地理、经济学、哲学、心理学等。

第四组：实验科学（Experimental Sciences），包括物理、化学、生物、环境工程等。

第五组：数学（Mathematics），包括高级、中级和初级数学。

第六组：艺术与选修（Arts and Electives），包括美术设计、音乐、戏剧艺术等。

3）IB 课程的特色

IB 课程特色不只在于以互相关联的方式学习这六个学科，所有的学生还必须完成以下三项重要活动：

01）创新、行动和服务（Creativity, Action, Service——简称 CAS），此项课程鼓励学生通过参与学校文体活动、社会活动和做义工，培养他们的同情心和社会责任感，培养团队合作精神。

02）知识理论（Theory of knowledge——简称 TOK），知识理论是一个跨学科的课程，教导学生在学习时从主观和客观，正面和反面等多方位和多层次的角度去思考和分析问题。去反思自己在学校和社会上获得的知识和经验，以求在学习中尽快找到适用于自己的学习方法。

03）撰写论文（An Extended Essay），IB 课程要求学生把自己学习的知识和研究方法结合起来，任选自己有兴趣的课题，在辅导老师指导下，用九个月的时间从事独立研究。按照大学学术论文的写作要求，撰写 4000 字的研究论文。通过撰写论文，培养学生的独立思考能力，搜集信息的研究能力和组织文章结构的写作能力等。

4）IB 课程考试规定

学生在完成二年 IB 课程学习后，将在高中十二年级的 5 月份进行 IB 的最终成绩考试，7 月份得到考试成绩。IB 每门课程的评分等级为 1 ~ 7 分，最高分为 7 分，4 分为及格。加上 TOK，CAS 课程和论文（这三科成绩缺一不可）的奖励分数 3 分，IB 课程总分满分为 45 分。学生通过六门课程考试，分数最低必须达 24 分。如无不及格的课程，且 TOK，CAS 和论文成绩通过的学生，即可取得 IB 国际文凭（International

Baccalaureate Diploma）。

目前，IB 课程正以其领先的教育思想和独特的课程结构渐渐引起了世人关注。以前只在国际学校开设的 IB 课程，现在也正在进入世界各地一些富有创新意识的普通中学。在美国目前有不少高中开设了 IB 课程，在中国除了北京、上海的国际学校开设了 IB 课程外，一些国内的私立学校也已经开设或正在引进 IB 课程。但有一点值得注意的是，对于想去美国念大学的学生，IB 课程的成绩和 IB 文凭只是美国大学，特别是顶尖大学录取学生的参考值，不是必要的。申请美国大学还是要有 SAT（ACT）成绩和托福成绩（国际学生应提供的成绩）。

虽然 IB 课程的教育理念和课程体系有其创新和独特的地方，但也有人认为学生高中阶段是基础知识的原始积累阶段，其课程结构设置应尽量求其广泛而不应太深。IB 课程限定高中两年时间只学六门科目，似乎有些束缚，所设课程的深度足矣，但对学生需汲取其它知识层面的广度不足。

目前在美国的许多大学，特别是好大学，将 IB 课程与 AP 课程同等相待，也很看重那些通过 IB 课程拿到国际文凭的高中学生。有些大学对于在 IB 课程某科目的高级程度考试中（High level tests）获得 6 分以上成绩的学生，也像对待 AP 课程一样，给予大学学分。如想获得关于 IB 课程更多更详细的信息，可向下列地址索取：

IBO 亚太地区总部
IB Global Centre, Singapore
600 North Bridge Road,
#21-01 Parkview Square,
Singapore 188778
REPUBLIC OF SINGAPORE
Phone: +65 6 579 5000
Fax: +65 6 579 5003
Email: ibid@ibo.org

在美国，荣誉班、AP 班或 IB 班的课程要比普通班难很多，且拿 A 也不容易。申请人不要为了拿好成绩而只上容易的普通班课程。招生人员会将你选的课程，与你所在高中提供的“高中简介”（High School Profile，美国大部分高中，都将本高中简介内容登在本校的网站上）加以对比。高中简介上列出了学校所开设全部荣誉班和 AP 班或 IB 的课程，学校给分数的系统，以及历年来本校高中学生所升入大学的名单汇总等信息。如果你不选或只少量选择难度高的课程，那招生人员或许会认为，该申请人可能成绩不够好而不能上，或许是懒惰而不愿意去上这些难度高的荣誉班和AP（IB）班的课程。即使你是普通班的成绩全A学生，此成绩在招收人员的眼里也是分量不足的。

中国的高中学生虽不能自主选课，但许多学校也有快慢班、特殊班和文理班之分。快班的课程要比慢班的难度大，而文理科班则各有侧重。中国学生在申请大学时，若自己在高中时参加的是快班或特殊班学习，也应在申请表中注明，以突出自己的优势所在。

三、学生选择高中课程的难易程度与被录取的关系

大学对于AB（IB）课程和其考试成绩到底有多重视？有人认为，参加AP（IB）课程学习和考试，主要目的是为了将来上大学后能够获取大学学分，对录取与否没什么影响。不参加AP（IB）课程而参加普通课程学习，可能会取得高分成绩而对申请大学有利。但更多的人认为，参加AP（IB）课程学习的学生将能提高他们进入大学的机会。大学招生人员特别是美国顶尖大学的招生人员非常看中那些选择课程难度大的学生，认为他们：

1、自强并具有挑战精神（Challenging），知难而进，愿意付出额外的努力使自己在学业上多有所获，因而录取时学术能力和成就评价较高。

2、认为上过AP（IB）课程的学生，有一定的适应期与思想准备，较能适应顶尖大学紧张和强度大的重负荷学习生活。

3、认为这些学生意志力较强，在求学过程中半途而废知难而退者少，大部分学生会以积极进取的态度获取更高的学位。

所以如有可能，美国的高中学生在高中阶段大都尽量选修学校所开设的高难度课程。如荣誉班、加速班、优胜班、AP（IB）课程，即使所得成绩为B，也强于一般课程的A。中国学生若有可能，也应选择学校提供的难度较大的课程，以加重申请表的分量。

第三节 考试成绩

在美国，教育是各州政府自己管辖的事，联邦政府不能过分干预。因此全美中小学没有统一的教学大纲与教材，各州选择的教材和教授的课程难易程度不等。虽然大学招生时很重视学生的在校成绩，但有时招生人员很难分辨不同州或不同地域的学生，

他们成绩中的含金量到底有多少。学生成绩与学校对学生的要求严格与否，教师的水平高低，给分的标准等因素相关。有的学校学生拿 A 容易，有的学校却很难。甲学校学生的 A 成绩也许与乙学校学生的 B 成绩相当。而美国又没有类似中国每年的全国统一考试并设定大学录取分数线的高考制度，无法将各地的差异考虑进去。这样就给大学如何准确评定申请人的高中成绩带来一定的难度。大学为了能够对这些学生进行比较予以取舍，则必须采用一种共同的评估标准，即大家公认的考试成绩来正确评估来自全美各地的申请人。

目前，很多美国大学招收本科学生时，都参考两种大学公认的考试成绩来衡量申请人的学业水平，即由两个非官方考试机构分别举办的 SAT 考试与 ACT 考试。所以大部分美国高中生在申请大学时，都在这两种考试之中任选一种参加考试，同时参加两种考试的学生很少。然后将其考试成绩和其它申请材料一起，递交给所申请的大学招生办公室。学生必须向考试机构注册并付一定的费用才能参加规定的考试，在注册考试时，学生可向考试机构提供四所自己想申请的大学名单。考试完毕，考试机构给他们的试卷打分，并将考试成绩分别发送给学生和学生所要申请的四所大学招生部。若申请人申请的大学多过四所，那就要再多付费用请考试机构将考试成绩发送给其他学校。这两种考试姑且算作美国的高考吧。大学只接受考试机构送来的考试成绩，不接受学生自己提供的考试成绩单。这些规定与中国学生熟悉的托福考试规定相同。当然，美国大学在录取国际学生时，还要参考他们的托福考试成绩。

由于美国的测试机构在中国大陆没有设置对中国籍学生开放的 SAT 和 ACT 考试点，许多美国大学，在考虑录取中国学生（申请念本科）时，只要求他们递交托福考试成绩即可，并不要求提供 SAT 或 ACT 成绩。但近几年来，从中国大陆直接申请去美国大学念本科的高中学生增多，美国名校录取大陆高中学生的消息也屡屡见报。为了去美国念书并增加被美国顶尖大学录取的机会，许多大陆学生转道去香港或其他周边国家参加 SAT 考试，将这些地区的考试市场催生的红红火火。本节将简单介绍一下 SAT 和 ACT 这两种考试。

一、SAT 考试

1、SAT 考试概况

SAT 考试是由“美国大学委员会”（College Board, 一个美国非盈利组织）发表和开发，并由“教育考试服务中心”（Educational Testing Service，简称 ETS）管理的考试。美国有多种考试机构，ETS 是专门从事筹备和管理学生参加大学考试和其他专业考试的非营利考试机构之一，其总部设在新泽西州的普林斯顿市（Princeton,

《SAT 词汇精解与自测》

NJ）。ETS 管理着像 SAT、GRE 这样的专业入学考试以及 TOEFL 英语水平考试等大型考试。SAT 为英文“学术评估测试”（Scholastic Assessment Test）的字头缩写。ETS 每年在美国本土安排七次 SAT 考试，但在本土之外（International），则根据地区的不同而有改变。SAT 考试有时又被称之为“标准考试”（Standardized Test）或“入学考试”（Entrance Tests）。SAT 考试分为两部分：

1）第一部分为理解测试，英文为 SAT Reasoning Test, 简称 SAT I，考试内容为英文阅读（Critical Reading）、英文写作（Writing）和数学（Mathematics）三项科目的综合考试。

2）第二部分为为科目测试，英文为 Subject Tests，简称 SAT II：科目有英文、历史、数学和物理等 20 个单项科目可供学生选择参加考试（考试科目详见下表）。

2、SAT 考试日期和注意事项

ETS 每年安排 7 次考试日，分别在一月、三月、五月、六月、十月、十一月和十二月。每年的考试日期都不同，申请人要自己进入网站 www.collegeboard.com，点击 SAT 项目查询。网站提供的信息非常详细，如考试日期，报名注册截止期，甚至连当前日期与考试日期相距的天数都列出来了，以提醒要参加考试的学生做好时间安排。一般注册日期都在考试日期的前一个月就截止了。若过了注册截止期还想报名参加考试，就要多交报名费了。因为有些申请人仅关注了考试日期但确忽略了有关考试的具体信息，下面是一些关于考试需了解的信息和需要强调的注意事项

1）若申请人在美国本土参加 SAT 考试，注册截止日期是指注册申请表从邮局寄出的日期（Postmark Date）；若申请人在美国本土外参加 SAT 考试，注册截止日期是指考试机构收到注册申请表的日期（Receipt Date）。

2）每年三月的 SAT 考试仅在美国本土举办。

3）申请人在每个考试日只能参加一种考试，即或参加 SAT I 或 SAT II，不能同时参加两种考试，并要在注册时注明参加那种考试。

4）每个考试日最多只能参加三个科目的 SAT II 考试，并且申请人要在注册考试时就要指明你准备参加那个考试。然而，在实际参加考试那天，你也许可改变考试科目（但语言听力考试除外）。

5）每个考试日允许注册考试 SAT II 的科目不同，请在准备注册时上网查明。如

语言类的听力考试仅每年的十一月的考试日可以参加考试。

6）语言听力考试总是在每个考试日的第一个小时进行，且每个考试日只能考一个语种的听力考试。若你是会多种语言的申请人，那其他语言听力考试只能在明年的十一月参加了。请申请人提前计划安排好参考日期。

7）每次 SAT I 考试所交费用可以让 ETS 向四所大学免费送申请人的 SAT 成绩单，若超过四所大学就要多交费用。

3、为了使读者全面地了解 SAT 考试，下面列表予以说明：

	SAT I 考试	SAT II 考试（SAT Subject Test）
考试科目	英文阅读（Critical Reading） 英文写作（Writing） 数学（Mathematics）	英文（Writing） 数学（Math Level IC or IIC） 任选一门或几门学生在高中时学过的科目参加考试（可从 20 种不同的科目中选出一项，详见后面的说明）。
考试范畴	考核学生基本知识的掌握程度和综合解决问题能力。数学主要测试学生的逻辑推理能力和基本计算能力，英文主要测试学生的文法、阅读理解能力和简单的写作能力。2005 年 3 月开始实行的新 SAT I 考试，除了保留旧 SAT I 考试目的外，尽量将现行的高中课程与大学的实际需求相结合，增加了写作测试科目后，强调了写作在学生整个受教育阶段中的重要性。	考核学生在某一学科领域里的知识水平及应用能力。
考试目的	许多大学采用此考试成绩作为衡量申请者是否达到了本校录取标准的参考值之一。有些学校将考试成绩作为学校向学生提供奖学金的参考值之一。	有些大学用此成绩作为被录取新生在大学选修课程难易程度的参考值。有些大学也采用此考试成绩作为录取申请者的参考值之一。
评分标准	单科考试计分范围为 200 ~ 800 分，单科满分为 800 分，三科合计最高成绩为 2400 分	单科考试计分范围为 200 ~ 800 分，单科满分为 800 分
考试时间	SAT I 为一门含有三项考试内容的整体考试，其中英文阅读 70 分钟，英文写作 60 分钟，数学 70 分钟，三项内容的考试时间合计约为三个半小时 由于考试时间所限，学生不能同时参加 SAT I 和 SAT II 两部分的考试，每次考试参考人或者只选 SAT I 考试，或者选择一至三门 SAT II 单项科目考试。	SAT II 为单项独立科目的考试，每科考试时间为一小时。
考试日期和注册方法	ETS 每年在美国本土提供七次考试，但在本土之外（International），则根据地区的不同而有改变．请申请人可按网址 http://www.collegeborad.com/student/testing/sat/calenfees.html 查询并在网上注册考试。	
SAT 的考试地点	美国各州都有固定的考试地点，并在海外的二百多个国家和地区开设了 SAT 考试地点，可上网查询。中国大陆目前没有对中国公民提供 SAT 考试地点。中国学生若想考 SAT，可在网上报名后，去香港参或其他国家地区加 SAT 考试。	

4、下面列出近年来（2006 ~ 2013）学生参加 SAT 考试成绩的平均值供参考。
（Total Group Mean SAT Scores, College Board Seniors. 2006 ~ 2013）

	阅读 Critical Reading			数学 Mathematics			写作 Writing		
年份 Year	男 Male	女 Female	综合 Total	男 Male	女 Female	综合 Total	男 Male	女 Female	综合 Total
2006	505	502	503	536	502	518	491	502	497
2007	503	500	501	532	499	514	487	499	493
2008	502	499	500	532	499	514	486	499	493
2009	502	497	499	533	498	514	485	498	492
2010	502	498	500	533	499	515	485	497	491
2011	500	495	497	531	500	514	482	496	489
2012	498	493	496	532	499	514	481	494	488
2013	499	494	496	531	499	514	482	493	488

摘自 College Board, 2013 College Bound Seniors Total Group Profile Report.

以上列出的仅为 SAT 考试的平均值，但申请人若想进入美国好大学，这样的成绩是不具竞争力的。

5、举例《美国新闻和世界导报》2015 版给出的几所美国公立大学与私立大学录取学生时的 SAT I 成绩加以比较，给申请者一个录取成绩范围的基本概念。这里列出的成绩仅取为数学（Math） 和阅读（Critical Reading）的分数组合，没有包括写作（Writing）的分数在内，但并不说明写作不重要。SAT I 分数取从 25%~75% 中间 50% 范围的申请人成绩为准，即有 25% 被录取学生的 SAT I 成绩低于此分数范围而 25% 学生的成绩高于此范围。

顶尖公立大学	SAT I 分数
加州大学伯克利分校（The University of California，Berkeley）	1250 – 1500
佐治亚理工大学（Georgia Institute of Technology）	1290 – 1480
北卡罗来那大学教查坡山分校（University of North Carolina–Chapel Hill）	1200 – 1410
威廉姆和玛利学院（College of William and Mary）	1270 – 1460
顶尖私立大学	
斯坦福大学（Stanford University）	1380 – 1570
麻省理工学院（MIT）	1430 – 1570
塔夫茨大学 （Tufts University）	1370 – 1520
阿姆赫斯特学院（Amherst College）	1350 – 1530

6、二十项可选择学习的 SAT II 单科科目列表

英文（English）	
1	文学（Literature）
历史和社会学科（History and Social Studies）	
1	美国历史（U.S. History）
2	世界历史（World History）
数学（Mathematics）	
1	数学一级（Math Level 1）
2	数学二级（Math Level 2）
科学（Science）	
1	生物（Biology E/M）
2	化学（Chemistry）
3	物理（Physics）
语言（Languages）	
1	中文与听力（Chinese With Listening）
2	法文（French）
3	法文和听力（French with Listening）
4	德文（German）
5	德文和听力（German with Listening）
6	西班牙文（Spanish）
7	西班牙文与听力（Spanish with Listening）
8	现代希伯莱文（Modern Hebrew）
9	意大利文（Italian）
10	拉丁文（Latin）
11	日文和听力（Japanese Listening）
12	朝鲜文与听力（Korean With Listening）

二、ACT 考试

ACT 考试是由“美国大学测试机构”（ACT 为英文 "American College Test" 美国大学测试的字头缩写）举办的考试。ACT 测试机构也是专门从事筹备和管理学生参加大学考试和其他专业考试的非营利性考试机构之一，其总部设在爱荷华州的爱荷华

市（Iowa City, Iowa）。

ACT 考试的主要内容

考试科目	英文（English） 数学（Mathematics） 阅读（Reading） 科学逻辑（Science Reasoning）
考试范畴	ACT 是以科目测验为基础的考试，测试学生对高中应掌握基础科目的理解和应用能力，有点像 SAT II 考试。
考试目的	有些大学采用此考试成绩作为衡量申请者是否达到了本校录取标准的参考值之一。 有些学校作为学校向学生提供奖学金的参考之一。
评分标准	ACT 的评分标准为 1 ~ 36 分，满分为 36 分。
考试时间	ACT 整个考试时间大约为 3 小时 45 分钟。
考试日期和注册方法	ACT 每年在美国本土安排 6 次考试，分别在九月、十月、十二月、二月、四月和六月。每年的考试日期都不同，申请人要自己进入网站 www.act.org 查询。一般注册日期也是在考试日期的前一个月左右就截止了。但在本土之外（International），则根据地区的不同而有改变。
考试地点	中国大陆目前没有对中国公民提供 ACT 考试地点。中国学生若想参加，可在网上报名后去香港或周边地区参加考试，

三、应参加哪一种考试和哪几门科目的考试

申请者在决定参加哪一种考试或那几门考试之前，请查阅所申请大学的网址和简介（College Catalogs），找出这些学校在录取学生时对成绩的要求，即要求申请者有哪几种考试成绩以及哪几种科目的成绩。

1、选择考 SAT 还是 ACT 考试

大部分美国大学都同时接受申请人提供的 SAT 或 ACT 考试成绩。在考虑录取时对两种考试成绩基本上一视同仁，但在学生选择考试和大学参考成绩的具体问题上还是有区别的。

首先，申请人虽可选择递交两种考试成绩之一，但多数学生只会参加一种考试。至于选择哪种考试，一般取决于居住地域。SAT 是由位于美国东部的大学委员会

（College Board）创建并发展起来的考试，所以常为东海岸和西海岸学生的首选。而总部设在爱荷华州的ACT考试，在美国的中西部、东南部与西南部较为流行。但近年来，SAT 和 ACT 也在向相互的领域渗透。ACT 已在 SAT 为主宰的东部地区站稳脚跟，而 SAT 也在 ACT 为主流的地区占有一席之地，两大考试机构在考试领域里互相竞争。

其次，由于 SAT 考试的设立远早于 ACT，它对学校公众形象的影响是 ACT 所不能相比的。大学录取学生的 SAT 平均成绩，似乎是学生们判别进入该校难易与否的首选尺度。录取新生的 ACT 成绩虽然也被大学公布出来，但公众对它的关注程度远不如对 SAT 的关注。而大部分大学招生人员（特别是好大学）更熟悉和看重 SAT 考试。许多人都将学生递交的 ACT 成绩正式或非正式地转换成 SAT 成绩，以便与其他递交 SAT 成绩的学生作比较。

一般认为，SAT 考试要更难些，SAT I 侧重于考核学生的分析推理和运用知识的能力，考试内容更广泛一些；而 ACT 侧重于考核学生对所学高中知识的掌握程度。

总体来说，大部分美国一流学校（First Tier），都要求申请者至少递交 SAT I 加 SAT II 或 ACT 加写作，两种考试成绩之一供学校录取时参考。但也有许多排名不太靠前确也不错的学校，都只要求 SAT I 或 ACT 成绩，并不要求 SAT II 成绩。还有些学校甚至不要求 SAT（ACT）成绩，申请人只须递交高中成绩即可。申请者可根据自己所申请的学校来决定参加哪种考试。

2、大学对申请人考试成绩的要求

除了 SAT/ACT 考试外，SAT II 科目考试似乎有许多选择，但是应参加哪几门科目的考试，就要根据你想上的大学，或某大学某专业的录取要求来决定，选择一两种最佳组合。由于各大学要求不一，理科和文科的要求各异，申请时要仔细查阅有关资料。下面列几所美国名校在录取中对 SAT 考试的具体要求为例予以参考。

大学名称	对 SAT/ ACT 考试的具体要求
耶鲁大学 Yale University	SAT I 加上申请人自选两门 SAT II 的科目，或者 ACT 加上写作科目（The SAT I and any combination of two SAT II， or the ACT Plus Writing）
麻省理工学院（MIT）	SAT I 或 ACT 成绩和另外两门 SAT II 的科目。其一为数学（数学 1 或数学 2 都可），其二为物理、化学和生物三科目中任选一科。（SAT I or ACT Plus Writing with the writing test, SAT II one in Math （level1 or level 2）, and one in science （physics, chemistry, or biology）
加州大学（公立）University of California	SAT I 考试或者 ACT 加上写作科目，不要求 SAT II 考试成绩，但某些加州大学分校对一些竞争激烈的专业，要求参考申请人的 SAT II 成绩，但也不是必须的。

虽然有些大学将 SAT II 成绩仅作为新生在大学选修课程的参考值，但美国顶尖大学确实将其作为录取参考标准之一。如果某位申请者不但 SAT I 考得好，SAT II 也考得好，表明该学生不仅基础知识扎实，在专科知识方面也掌握得好，被学校优先录取更有优势。有时，申请人的 SAT II 成绩也是招生人员用来评判全美各地不同学校学生学业水平的一个标准。

例如，学生甲是某高中毕业年级的排名第一，成绩全 A 的学生，老师在推荐信中对其评价也很高。但他的 SAT II 成绩都只是在 550 分左右，这个分数水平只是 SAT II 在全国的平均成绩线上，那简单的推论就是该学校的分数膨胀，或该学校的学生整体学业素质不高。与另外一名其它学校也是排名第一，成绩全 A 的学生乙相比，学生乙的 SAT II 成绩却在 700 分左右，高出平均线许多，显然学生乙的学业水平可能要比学生甲高。因此，SAT II 的成绩可以在一定程度上帮助招生人员判定申请人提供资料的准确与差异程度，其参考作用有如参考学生选择 AP 或 IB 等较难课程的成绩相似。招生人员可以由此推测出不同学校的教学质量如何，教师水平如何，学生对学习知识掌握的程度如何，以及学生本人的资质与潜力。学校成绩很好，而 SAT II 的成绩较低的学生，可能是努力用功但聪慧不足的学生，很可能不适合在竞争激烈的美国顶尖大学学习；而学校成绩一般，但是 SAT II 的成绩却很高的学生，通常聪明有余但自律性欠缺，未能发挥自身的学习潜能。二者到底取谁，还需综合其它因素共同考虑。

四、什么时间参加 SAT 或 ACT 考试最合适

因为每年可有多次机会参加 SAT（ACT）考试，对高中生什么时间考 SAT I 或 ACT 最合适一直有争论。有人认为，高中生在十一年级应安排至少考两次考试。两次考试间隔应不少于六个月。如果对考试成绩满意，那么学生进入十二年级以后（即中国的高三）就可以集中精力进行申请大学的工作。如果不满意，还可以利用十一年级的暑假期间来复习，等到十二年级的 10 月份或 11 份再考一次 SAT I 或 ACT，这样取得好成绩的把握更大一些，时间安排上也留有余地。

但是也有人非常反对学生在十一年级初期就考 SAT I 或 ACT，他们认为学生考试的时间，不应早于十一年级的 4 月份（每年 4 月和 6 月份都各有一次 ACT 考试，每年 5 月和 6 月份都各有一次 SAT 考试）。若学生过早参加考试，知识面的广度与深度都不够，不易考出好成绩。而晚些参加考试，一则此时学生已快完成十一年级的学习，在考试中可以利用这些学过的知识；二则复习的时间多了，更利于考出好成绩。两种意见都有一定道理，早有早的优势，迟有迟的理由。到底是早考还是晚考，关键要由申请者本人的学习状况和心理准备程度来决定。

SAT II 单科考试的最佳时间是刚刚完成该科目课程学习的时候，此时所学的知识记得最清楚，最便于考出好成绩。

五、考几次为好

SAT 考试每年有七次，ACT 考试每年有六次。学生参加考试时不限年龄和次数，只要你不在乎交出多少报名费，对于想上大学的学生来说，似乎可以随心所欲，想什么时候考试，想考几次都可以，直至考出你满意的成绩为止。其实不然，申请者应考几次 SAT I（或 ACT）和 SAT II 考试为好，也是众说纷纭。一般建议考试不要超过两次，如果你参加两次考试，大学招生人员会从两次考试中抽取数学与英文分数高的那次成绩，加以组合成你的申请大学成绩。但是如果你连续考了三，四次，并且每次的成绩高低不一，招收人员不能从你几次的考试成绩中看出你的真正水平，有可能会将几次考试成绩平均值作为你的大学申请成绩，平均值成绩显然要低于最高值成绩的组合，这样有时不能公平评定学生。但也有人认为，多考几次，表示学生对考试的重视，学业上的努力。无论学生考一次还是十次，招生人员均会从几次考试中选取分数最高的数学和英文成绩加以组合，将之视为申请大学的考试成绩。

参加考试的次数还与如何向所申请的大学递交考试成绩有关。申请人参加 SAT 考试后，大学委员会（College Board）有一个“成绩选送政策（Score Choice）”应提起注意，这就是考生拿到考试成绩后可以自主“选择性”地向所申请大学递交其考试成绩的政策（the option to choose SAT I scores by test date and SAT II scores by individual test to send to colleges - all in accordance with each institution’s individual “score - use” practice）。若你只参加了一次考试，无论考得好与差，只能将这次成绩全部寄往大学，别无选择。若你参加了两次或两次以上的 SAT 考试，你可以选择性地递交你认为考得最好的那次成绩，当然也可不选择，就是将所考成绩全部寄往大学。对于 SAT I 考试成绩，可以按照参加的日期选送。比如，你一月份与五月份参加了两次 SAT I 的考试，你可比较两次不同日期的考试成绩，选送考得好的那次成绩。同理，对于 SAT II 考试成绩，可以按照考试科目选送。如你在一月份考了数理化三门科目考试，但其中理化考得好，数学不太理想，你可计划选择只送理化两门成绩，等到五月份再考一次数学，然后比较后选送考得好的那次数学成绩。若你还不满意，觉得自己还有潜力可挖，只要时间还允许那就继续再考。这项政策不仅给了考生很大的自主性和选择余地，还可减轻考生的压力。考试不是一锤定音，考得不好不递交就是了，振作精神再考一次吧。另外，别忘了参加考试不是免费的，若真不想一次次地参加考试，那就准备好了再去参加，若没个三拳两脚的功夫就别急着去应擂台，不然从时间和经济上都不值。

虽然大学委员会有让申请人自主选送成绩的政策，但美国大学向来我行我素也同样提出可选择是否接受自选递交成绩的政策。有的大学完全接受，有的则不接受，有的虽然原则上接受，但也提出本校的建议。例如：

· 宾州大学（University of Pennsylvania）就不接受申请人自主选送考试成绩的政策，该校要求申请本校的学生将所有的考试成绩都寄给学校，并进一步申明本大学将会注意到所有考试成绩中的最高分数，但只有看到考试成绩的整体状况才能对申请人更深入地了解（Penn requires applicants to submit their entire testing history. Although Penn will pay attention to the highest scores from any test or subsection when reviewing a candidate's application, having the complete testing profile provides deeper insight.）。与宾州大学持相同态度而不接受自主选送成绩的学校还有，乔治敦大学（Georgetown University），耶鲁大学（Yale University），哥伦比亚大学（Columbia University）等等。

· 波士顿大学（Boston University）虽然接受申请人自主选送成绩的政策，但也强烈建议学生递交所有的考试成绩，并申明本校在录取学生时总是考虑所送成绩的最

波士顿大学的校色是红色，红色的录取通知书和毕业典礼服，颜色鲜艳，热情奔放，象征着年轻人火热的青春。毕业典礼上，蓝天白云，毕业生们组成的红色海洋在阳光下亮丽夺目，仪式非常隆重热烈。

高分，今后也将会如此（Boston University will allow students to choose this option; however, we strongly recommend students submit their scores each time they take the SAT. BU has always considered a student's highest SAT section scores in making admissions decisions and will continue to do so.）。

所以，申请时关于具体选送SAT/ACT考试成绩的政策规定请参考大学委员会（College Board）和美国大学测试机构（ACT）的网站。而大学对该政策的接受与否请进入所申请的大学网站详查。

六、如何看待SAT（ACT）考试和成绩

虽然SAT（ACT）考试有时被称为美国大学的入学考试，且考试成绩在整个申请大学过程中也起着非常重要的作用，但绝不像中国每年全国高考成绩那样在大学录取中起着至关重要决定命运的作用（如果中国考生不能达到某一院校的录取分数线，则与此大学无缘）。美国教育部没有规定任何考试为学生申请大学时必须通过的考试，也没有规定美国大学招生时必须以何种考试成绩，或某一分数线为标准来录取新生。虽然大学在录取本科生时要求申请人提供SAT（ACT）或SAT II等考试成绩，但无论哪种成绩，都是大学在录取新生时的参考性材料，而不是来决定取舍的强制性数据。录取时还要参考其他标准或因素，如学校高中排名、高中平均成绩、学生课外活动、个人入学短文以及教师推荐信等等，一起全面评估每一个申请者。可以说SAT（ACT）的分数高，被美国好大学录取的几率就大些，但不要以为考试成绩好，就一定会被美国的好大学录取。

笔者曾经听说过某位申请人，很聪明又肯努力用功，且SAT I成绩考得满分。学校及老师都为他高兴，并将此事作为他所在的高中学校值得骄傲的一件事，登在了当地的报纸上。大家都以为他必被美国顶尖大学录取。但不知此位申请人其他哪方面表现不足，所申请的顶尖大学没有一所录取他。他打电话到某大学招生办公室去询问缘由，为什么SAT I成绩满分的学生不取？招生人员淡淡的一句“SAT I成绩不是录取学生的唯一标准”，将此申请人回复得无言以对。在美国，单一的考试好成绩绝不是进入大学，特别是顶尖大学的通行证。

需要提醒的是，美国有些大学一再声称SAT成绩在录取过程中所起作用不大，以学生的高中成绩为主。对于一般大学来说大概如此，有些美国大学甚至并不要求申请人的SAT/ACT考试成绩作为录取时的参考标准（详细情况在本节后部分讨论）。但是想要申请美国顶尖大学的学生，可千万别信以为真而忽略了SAT/ACT考试。顶尖大学录取学生时一定会参考SAT/ACT考试成绩。有些大学甚至表明，没有SAT/

ACT 成绩的申请人，其对本校的申请将不予以考虑（Applicants without complete tests will not be considered）。在其他因素都基本相同情况下的几人对比，考试成绩高的学生自然占优势并可能会被优先考虑。

笔者看来，与那每年仅此一次，人人背水一战的中国全国高考相比，这种每年七次、学生不限年龄和考试次数的、什么时候准备好了什么时候可以考的、并且不以一次考试成绩定音的、考不好当年可再考的 SAT 考试，无论它有哪方面的不足，哪方面的问题有待改善，它都是目前现存各种考试体系中最能客观反映学生实际水平的考试了。那些没有受过中国每年黑六月高考煎熬的美国高中学生真是幸运无比！而美国大学采用的那种不仅以学生在某次考试中的成绩来决定取舍，而是以多方面因素来综合评定和录取学生的招生方式，也真是目前最合理的大学招生录取方式了。

对于那些理工科基础知识扎实，经过国内从小学到中学无数次考场拼杀的中国学生而言，SAT（ACT）考试数学部分的考题不敢说是易如反掌，但确实不难。常听说许多在美国念书的华裔子弟取得了 SAT 数学满分的好成绩。但 SAT（ACT）语言部分对中国学生则难度较大。它不仅与考生所掌握的英文词汇量、阅读速度、写作技巧等基本技能相关，还涉及到一定的时事、历史、逻辑思维、人文和科普技术等知识，这确实是中国学生的弱项。若想考出好成绩，光靠短时间突击准备效果不大，学生平时的积累尤为重要。学生平时应阅读大量的英文报纸与杂志，以扩大自己的英文词汇量和各种知识范畴。

七、关于 SAT 考试复习

由于美国大学（特别是好大学）将 SAT 成绩作为录取学生的一项重要参考标准，学生若考得优异的 SAT 成绩，就会增加被美国好大学录取的几率。与中国各地办有形形色色的高考复习班，书店里出售花花绿绿的考试辅导材料一样，美国也到处充斥着各种由考试辅导公司举办的 SAT 、ACT 、PSAT 、GRE 等考试复习班，抛出了众多系列的考试复习书，从那些翘首仰望常青藤盟校的学子和家长们的兜里往外掏钱。其中，由 Kaplan 和 The Princeton Review 这两家教育咨询公司出版的考试复习系列和申请大学系列的书籍卖得最火，并早已在中国的考试市场上驻足，与中国的一些英文教育机构一起，也将 SAT 考试复习班办得与托福考试复习班一样的热火朝天，赚得钵满盆满。

关于各种考试的因特网站：

1. www.kaplan.com	6. www.toefl.org
2. www.princetonreiew.com	7. www.act.org
3. www.educate.com	8. www.gre.org
4. www.bestprep.com	9. www.academicinfo.net
5. www.ets.org	10. www.collegeboard.org

八、托福考试（Test of English as a Foreign Language）

对于想去美国留学的学生，对于托福考试都一定很熟悉了，这里就不做介绍了。美国许多大学都在学校网站上登出了对国际学生托福成绩的要求和参考分数，很有参考价值。申请人也可查询托福考试的官方网站 www.toefl.org.，获取最新信息。托福考试有效期为两年。另外再强调一下，无论你是否参加 SAT/ACT 的考试，作为在中国上高中（即中文为第一语言）的国际学生，大部分美国大学都要求国际学生递交托福成绩。考试有效期为两年。

九、申请大学时申请人可自主选择性地递交考试成绩（Test Optional or Test Flexible）

前面的章节谈了许多关于考试的必要性、重要性等方方面面，但在美国这种多选择性的国家，人们从来就会对许多涉及公众本身利益的事情提出不同见解，关于大学录取学生参考其 SAT/ACT 考试成绩的做法当然也是见仁见智地提出各种质疑。所以不仅考试本身在不断进行修改争取与时俱进，呼吁大学录取学生时取消 SAT/ACT 考试的声音也一直不绝于耳。

1. 对美国大学录取学生是否要参考 SAT/ACT 成绩的争论

1）SAT/CAT 考试成绩是否如实地反映了学生本身的学业水平，如有些 AP 或 IB 成绩很好的学生，却 SAT/ACT 考试成绩较低；

2）高收入家庭可以让学生参加考试补习班而使考试成绩高于没有条件参加补习班的低收入学生，这让申请人处于经济不平等而造成的成绩不同。

3）被录取学生考试成绩是否真正预测了学校学生群体的真正水平。

4）此类考试是否适用于不同族裔、不同年龄、不同的家庭收入群体以及不同性别的学生。

5）在大学招生人员在已经了解申请人的选课难度、入学短文、课外活动记录、高中成绩和 AP/IB 等其他成绩的情况下，SAT /ACT 考试成绩是否增加了任何更有意义的信息？

6）录取学生应该关注学生本身的特质，如写作能力、美术天赋、运动特长等，认为根本不需要那些只是一堆数字的 SAT/ACT 成绩。

7）要求考试成绩是否阻止了那些聪明并适合本校的潜在学生申请该校，等等。

反对质疑者认为，如此许多言论是对学生的误导，由于社会的贫富不均，不平等现象到处都是，岂止是体现在 SAT/ACT 考试上？若没有考试成绩作为参考标准之一，大学招生人员如何区分来自不同地区的不同学校，众多高中成绩看起来极其相似的申请人？而且 SAT 考试题目中的相关内容涉及到许多高中课程中难度较大的课程内容，或是具有挑战性荣誉班的课程内容。学生应该是完成了这些难度大的课程学习才能在 SAT/ACT 考试中取得好成绩，而与学生的种族、性别和家庭收入无关。学生的高中学业成绩和考试成绩的组合，比单一的仅参考学生的高中成绩能更准确地预测学生将来在大学里的学习水平。

争论还不仅仅是关于考试本身的合理性和必要性等学术方面的争论，还有其真实性的问题。申请过程中无论审核多么严谨也不是铁板一块，总还是会听到不仅有学生考试成绩造假的事情发生，甚至还有某些大学为了提高本校在各种排名中的位置也造假了其录取学生 SAT/ACT 的成绩范围，SAT/ACT 的成绩毕竟是学生和学校各自打出的一张较重要的牌。

人们对考试成绩的过分关注为那些造假的投机人提供了一片生存土壤。当然也抛不开某些商业需求的论点，认为那些提供考试的机构和帮助学生准备考试的机构联合起来发教育的财。即便大家对此都心知肚明，美国家长们掏腰包让孩子们去 SAT 补习班的热情一点也不亚于中国的家长们，美国版的周瑜打黄盖一样地愿打愿挨。

还有在美国大学多而学生少的国情下，录取学生不要求考试成绩的政策可减轻一部分学生的升学压力，很有可能为某些学校获得更多的生源和较优质的学生（持此种看法的学校大多竞争力不强生源不足）。

2. 申请人自主选择是否递交 SAT/ACT 等考试成绩（Test Optional Policy）

既然有学校觉得 SAT/ACT 等考试成绩对录取学生参考价值不高，那就尝试改进或取消之。美国大学的自主权利相当高，甚至连录取学生是否参要考考试成绩这样如此大事也可自行做主而不用请示上级机构。近年来，越来越多的美国四年制大学宣布，招生时不再要求申请人递交 SAT/ACT 等考试成绩，采用学生申请大学时可自主选择是否递交考试成绩的录取政策（Test Optional Policy）。这项政策给了申请人很大的主动权，允许申请人分析决定自己的 SAT/ACT 成绩是否准确地反映了自己的学术能力和其他潜在能力，申请时是否递交和递交哪些考试成绩。

如果申请人认为自己高中各科成绩（GPA）足够好，其他的课外表现又很出色，而 SAT/ACT 考试成绩不理想，并不能向所申请的大学展示自己的优势上再增添色彩，那申请时可自行决定不递交这份考试成绩。但若申请人认为自己的 SAT/ACT 考试成绩还不错，能向所申请的大学为自己的表现锦上添花，那你就选择递交这份 SAT/ACT 成绩。申请大学时，申请人还可从自己的一堆考试成绩中（如 SAT/ACT，SAT II 或 AP 或 IB）选出最好的并自认为能反映自己能力的考试成绩递交给所申请的大学。

当然，申请人也许可以偷个懒，除了高中毕业要求的学业考试。只要你有足够的自信，认为就单凭你的高中表现，这些不要求递交考试成绩的学校就能录取你，那就请认真地填好学校的申请表和递交学校要求的其他材料吧。这时的主动权在申请人手中，无论申请人选择递交哪些考试，该大学将根据申请人选择递交的全部资料来审核录取，不递交考试成绩将不会影响申请人的录取与否。如著名的文理学院 Bowdoin College（2014 US News 文理学院排第 4 名）自 1969 年以来采用“申请人自主选择递交考试成绩”的录取政策后，每年约有 15% 的申请人自主选择申请时不递交考试成绩，被录取的学生中约有 20%（2016 届数据）的学生选择不递交考试成绩。

虽然有些美国大学宣布学生申请时可自主选择递交 SAT/ACT 考试成绩，但不同学校也有不同的选择前提，或曰有条件地不递交 SAT/ACT 成绩（Test Flexible）。归纳起来有一下几种情况：

1）虽 SAT/ACT 等考试成绩不作为学校录取学生的参考因素，但可能作为学生选课时能力的参考值，或学校在给学生学业方面建议的参考因素，即学校依据学生的考试成绩来建议被录取的新生是否应该选本年级较容易或较难的大学课程。（SAT/ACT used only for placement and /or academic advising）。即若想选择大学较难的课程还是需要递交 SAT/ACT 成绩以证实自己的实力。

2）仅要求外州学生申请时递交 SAT/ACT 考试成绩（SAT/ACT required only from out-of-state applicants）。如一些大的州立大学，University of Arizona, Kansas State University, Illinois State University, 等等。还有些学校只允许美国公民和美国永久居民申请人可自主选择递交考试成绩，对国际学生申请人，则要求其不仅要递交托福或雅思成绩，还要递交 SAT 或 ACT 成绩。如 Smith College。

3）只有当申请人的 GPA 或年级排名达到最低要求才能免除递交 SAT/ACT 成绩（SAT/ACT considered only when minimum GPA and /or class rank is not met）。

4）若想进入学校的某些学科项目学习，还是要求 SAT/ACT 成绩（SAT/ACT

required for some programs）。

5）如果申请人可递交如 SAT II 单科考试（SAT Subject Test），或 AP 课程考试还有 IB 考试等等，这些由学校指定的其他具有大学水平的考试成绩，则可选择不递交 SAT I /ACT 成绩 （SAT/ACT not required if other college level exams specified by school, such as SAT Subject Test, advanced Placement, or Int's Baccalaureate, submitted）。

6） 如果申请人选择不递交 SAT/ACT 成绩，则需要参加所申请大学要求的入学考试或学校指定的其他考试（Placement test or school – specific admissions exam score required if not submitting SAT/ACT）。

7） 如果申请人选择不递交 SAT/ACT 成绩，则需要按所申请大学要求，递交一份质量较高并由老师给予成绩的高中作业做为大学可参考学生学业的样本。 （Those who choose not bo send in test scores will be required to submit a sample of high quality academic work graded by one of their teachers）。

有意思的是，有些大学要求申请大学时申请人可自主选择性递交 SAT/ACT 考试成绩，而被大学录取后，还是要求申请人递交 SAT/ACT 考试成绩，即使录取时不参考成绩，学校也许会用此成绩来建议已录取学生的选课难易程度和参考是否向其发放奖励型奖学金（Merit aid scholarships，一种不基于家庭收入而给予学生的奖学金。但 SAT/ACT 考试成绩好仅有获得奖学金的可能，绝不保证能获得，还要看学校是否有充足的资金）。还有的学校据说是要将本校录取学生考试成绩的概率统计数据，呈交给一些为学校排名的机构（如 US News）。看来 SAT/ACT 还是要考的，只不过用途有些改变。所以若想考虑申请这些自主选择性地递交考试成绩的学校，申请人一定要进入学校网站详细了解其录取学生时对考试成绩的各项具体要求。

3. 申请人可自主选择是否递交 SAT/ACT 成绩的美国大学

目前美国大约有 850 多所这样的学校，其中大多数是私立文理学院和一些公立大学。申请人可到网站 www.fairtest.org 去查询哪所大学有此政策，并建议申请时一定要到想申请的学校网站上再进行确认以防将来的变化。下面以 US News 杂志 2015 版排名为准，列出全美前 150 名大学和前 30 名文理学院中目前采取申请人自主选择递交考试成绩政策的大学和文理学院供参考。美国入学竞争激烈的顶尖大学目前基本都不在其列，其他在 www.fairtest.org 网站列出的学校都是在这些学校的排名之后。

	大学（National Universities）	选择递交的政策	大学排名（*US News* 2015 版）
1	Wake forest University （NC）	Test Optional	27
2	New York University （NY）	Test Flexible	32
3	Worcester Polytechnic Institute（MA）	Test Optional	68
4	American University （DC）	Test Optional	71
5	University of Arizona （AZ）	Test Optional	121
6	Kansas State University （KS）	Test Optional	142
	文理学院（National Liberal Arts Colleges）	**选择递交的政策**	**大学排名（*US News* 2015 版）**
1	Bowdoin College （ME）	Test Optional	5
2	Hamilton college （NY）	Test Flexible	15
3	Smith College （MA）	Test Optional	19
4	Bates College （ME）	Test Optional	22
5	Colby college （ME）	Test Flexible	15

尽管对考试的质疑声不断加大，录取时不参考申请人 SAT/ACT 成绩的大学在增多，但那些美国顶尖大学们不予理会，学校的名气和在人们心中的地位让他们底气十足，似乎从未担心过自己学校的生源、录取学生的质量和多样性。无论学校采用什么样的审核录取政策，是否增加或取消考试，竞争方式是否公平合理，录取率如何地一再降低，至少目前拦不住全世界的学子们依然心甘情愿地去参加各种大学要求的考试，去挤那通往美国名校的独木桥。

由此看来，在大学录取方面，对于那些竞争激烈的美国顶尖大学，SAT/ACT 的成绩很重要。但对于上述讨论的学校来说，考试成绩确实不太重要。若申请人根本不想去那些名声显赫录取竞争激烈的大学，上述学校就可满足你的学业要求，且又幸运地有个富裕家庭足以支付你美国大学四年的高额学费而不在乎什么申请奖学金之类的事情，那你大可不必费心费力地去考什么 SAT/ACT 考试了，申请时在其他方面多做做努力吧。申请美国大学可选择不交 SAT/ACT 成绩（对国际学生而言，托福成绩是一定要的），这无疑给了那些并不在乎是否要读美国名校，找个适合自己的学校去读书的中国学生更多的选择机会，这八百多所学校也够挑选一阵子了。

第四节 录取学生多元化

申请人的学术表现（Academic Profile），即高中成绩和考试成绩，只是美国顶尖大学审核学生的一个方面；非学术表现（Nonacademic Profile）则是另一个重要方面。大学希望能录取到具有各方面才能的学生，同时也希望知道申请人是如何安排他们的业余生活，从而进一步了解申请人的为人品行。

美国顶尖大学期望自己校园中学生的组成是多元化而不是单一类型的学生。这不仅体现在学生具有的学术天分、社会活动能力、体育技能、表演、绘画和琴类等多种艺术才能等方面，还体现在学生不同的民族性（少数民族）和地域性（城市、乡村、偏远地区和世界各地区）、不同的文化背景和风俗习惯、不同的宗教信仰和思想见解以及不同的社会阶层等方面。例如，校园学生中有来自传统的美国白人中产阶级家庭，父母都受过良好的高等教育，本人也是各方面优秀的高材生；或有出生在美国东北部某个小镇农场，家中孩子众多，父母都没有上过四年制大学，家庭收入很低的优秀学生；或来自美国某个较偏僻的州，某个偏僻小镇上的优秀学生，那里以前几乎没有学生被名校录取的记录；还有从南美或亚洲某个国家来的第一代移民家庭的子女，他们在求学之余，必须帮助家庭分担在美立足创业的艰辛；当然还有那些五湖四海漂之而来的国际学生为其增色生辉等等。

美国好大学在审核申请人的非学术表现时，一般从以下几个方面考虑：

一、学生参与学校与社会活动方面（School and Community Activities）

1、学校课外活动

美国的好大学在参考学生成绩后，非常看重学生的社会工作和活动能力，领导才能和与人沟通的能力等这些将来能立足于社会的实际能力。因此学生除了学好功课外，应根据自己的才能与爱好，选择参加一些课外文体活动和校内外社会活动，以培养自己在这些方面的能力。美国高中学生参加学校活动的内容范围很广，如参加校内的文艺、体育活动、学生会活动、学校的报刊、杂志编辑出版工作和各种俱乐部等等。

2、社会活动

为社区服务（Community service），做义工（Volunteer）是美国高中学生最常参与的社会活动。工作有去社区医院、社区养老院帮工，或去社区图书馆帮助整理资料，或参与社区环保的宣传与教育工作，或帮助慈善机构募捐等等。美国大学非常提倡与赞赏那些积极参与社区活动的学生。虽然做义工只是学生参加社会活动中的一项，并且不是非参加不可，但是参加义工时间越多，投入贡献越大的学生，似乎越被好大学看中，甚至有“要想上好大学，就要做满多少小时义工”的传说（只是传说，并无依据）。从高中生做义工可能有利于进入好大学这个角度来看，也许很多人参加义工的初衷是为了能上好大学而积累资本，多少有些不自愿或带些功利色彩；但也同时促使越来越多的美国高中生利用业余时间去参与社会实践，了解了以前完全没有接触到的社会各个层面。锻炼了自己与人交往和适应不同环境的能力，培养了同情心与社会责任感，甚至改变了许多人对某些事物的看法和纠正了某些个人品质中的缺点，如傲慢、娇气、拖拉和懒惰等坏毛病。学生为社区做义工参与社会实践，非但自己受益匪浅，也为本社区居民带来利益；而且许多顶尖大学招生时，也确实对学生是否积极参加社区活动，有无做义工的经历非常重视。

前面谈到的工作是不付钱的义务工作，下面谈的工作是付钱的工作（Pay Jobs）。对于付钱的工作，一般分两种情况来考虑：

1）对于家境较好，中产阶级以上家庭的学生，即那些不必为分担家庭生计而工作的学生，应该好好考虑一下，是在业余时间去做以挣钱为目的的工作还是做一些对你的前途发展更有意义的其它事情（如增加领导才能的社会活动）？学生主要是以学为主，即使是选择工作，应选择那种对自己将来的学业前途有所促进和帮助的工作，而不是那种简单重复性的，对将来学业毫无意义的工作，并且工资的多少并不重要。如果能够找到一份对自己学业发展有帮助的工作，既能学到新知识和新技术，又能积累工作经验，那是两全其美。能够找到工作的高中学生很多，但能积累有价值工作经验的高中学生却不是很多，这些工作经验和工作技能（Working Experience and Skills）是申请人区别于他人的非常重要的信息之一，使其能在申请大学时占一定优势。

2）对于低家庭收入学生，他们工作的主要目的是帮助家庭改善经济状况，或是为自己积累学习费用。所以他们选择工作时，会以工资的多少为首要条件，招生人员也不会太在意他们选取的工作性质。大学招生人员一般会区别看待两类不同学生的选择。

3、暑期活动

暑期活动是课外活动的一个很重要方面。美国学校的假期多，除了暑假、寒假、还有春假和秋假，再加上感恩节、圣诞节，林林总总，好像过不了几天，学校就要有几天假日。但暑假是各种假期中学生可以自由支配时间最长的假期。学生一定不要忽略了自己暑假的活动安排。许多学校的申请表中课外活动一栏里，专门有一项要申请人填写暑期活动内容。你可以整个夏天都去参加某个项目的社区活动，做义工；可以去某个大公司打工；也可以去附近的社区学院选择一门你喜欢的，将来进大学有可能选择的专业课来学习等等。那些平时因各种原因，课外活动做得不够多的学生，也可以利用暑假，选择一些活动以弥补自己这方面的不足。但若你在填表时说你去了一个收费昂贵的暑期活动，那招生人员对你的第一印象是你的家庭富裕，大概付学费无太大困难。若你的家庭并不富裕，则不要勉为其难地花大价钱去参加什么对你不一定有意义的活动。有学生家长曾询问某名校校长，孩子参加什么样的暑期活动能对他进入该名校有所帮助，是进入哈佛或耶鲁的暑期学校学习，还是做社区义工，还是去偏远贫困地区教授英文？那校长回答说："他应该去加油站为汽车打气"。其言外之意是，参加暑期活动甚至平时其他任何课外活动的关键不是你实际做了什么，而是你在做这些活动时学到了什么，并在申请时让大学招生人员认为，你的高中假期或业余时间过得都很有意义而并非闲在家中无所事事。

学生在高中阶段选择适合自己的课外活动时应关注以下几点：

1）最基本的一条是你要对此活动有兴趣。在选择之前，要仔细地考虑，选择一两项自己有能力做到并且真正喜欢的活动，而不要以参加哪些活动对申请大学有好处的功利心态出发进行选择，不然参加一项自己没有多大兴趣的活动，则将很难持久参与。

2）参与活动的长期性与一致性。一旦你选择了某项与自己的专业爱好相吻合的活动，就要长期坚持下去。如果可能，最好能在高中期间集中精力连续做某一两项活动达三四年之久，直至毕业。不要这学期做这项活动，下学期又改做另一项活动，虽然参加活动不少，但那一项活动都没有什么实际内容。这样申请大学时可能会适得其反，招生人员可能会认为该学生做事无计划，盲目浮躁没有个性。所以选择课外活动的原则是：不在多而在精，质量比数量更重要。

3）参加某项课外活动时，尽量在活动中充当主角，起领导作用。在活动中，你应是那个策划人或是组织者，要让人感受到你热情地参与，积极地投入和全力地付出，而不仅仅是某个活动的配角。

4）如有可能，选择的活动尽量与别人不同。

二、特殊才能方面（Special Talents）

美国的学生最忌讳被别人称为"书呆子"（Nerd）。一个人如果各门功课全优，

SAT 成绩也不错，但不参加任何社会活动，也无任何文体特长，将会被视为书呆子。这种称呼对美国学生是绝对的贬义词。这种学生远不如那种虽学习成绩一般，但在球场上健步如飞频频出手，在舞台上能歌善舞吹拉弹唱，在集会上慷慨激昂侃侃而谈，即在学校的各项文体活动中积极活跃的学生受欢迎。美国大学也不愿意全收书呆子型的学生，对那些有特殊才能的学生，即使 GPA 和 SAT 成绩不那么突出，有时学校也会网开一面予以录取，以此来调节学校学生的多元化。什么样的才能可称为特殊才能呢？一般大致分为两类：

1、一类表现它的顶尖性，这一类学生是在某一方面—无论是学术还是艺术方面，都表现了他们的独特天分，特别是在全国性和区域性的竞赛中获奖的学生。如外语竞赛的获奖者表明此学生的语言天分；全国性数理化或某个科学方面竞赛的获奖者，表明了超强计算能力和理解能力；还有全国性的钢琴、小提琴比赛的获奖者，他们的艺术天分是不言而喻的等等。这些竞赛的获奖者，在申请大学时毫无疑问地占有绝对优势。

2、另一类表现它的独特性，在美国，会弹钢琴或会打网球的人很多，如果你的艺术才能是弹钢琴，而这又是一项较为普及的艺术活动，而你只是技艺平平，没有参加过比赛，没得过什么奖，那就算不上不上什么特殊才能。如果你的特长是拉二胡或弹古筝之类的在美国少见的乐器，那大学对这位学生可能会另眼看待。笔者曾经读到新民晚报一篇题为《我的遗憾》的文章，某先生的儿子会拉“锯琴”，一种甚为少见的中国乐器。他的儿子在美国开办了一所中国锯琴训练中心，那些通过培训会弹中国锯琴的学生在学校里大受欢迎，并以此为特殊才能，被一些美国好大学优先录取了。

由此可见，学生如果有专长并且专长独特，与众不同，那他也会在竞争中占许多优势。每年那么多学生申请常青藤盟校，申请者中不乏门门功课优秀，多才多艺，社会活动能力强的学生。但学校的录取名额有限，大学如何从众多优秀的申请人中分出高低决定取舍，关键在于申请人如何向学校展示出自己的唯一性或与众不同，这样才能在竞争中脱颖而出。然而每个人的能力和资质不同，某人按照某种方法去做取得了成功，若自己不加修改地去模仿，就有可能行不通。不要盲目地按书中列出的事项去做，而是参考书中的建议和思路，结合自己的实际情况来设计自己的路。天生乐感不强的人，就不要勉为其难非要去学某种乐器，搞得“呕哑嘲哳难为听”；不擅长体育的人，就不一定非要混入篮球或排球队，如坐针毡地充当板凳队员；生性腼腆不愿抛头露面的人，就不要去做领导，宁可找一份自己能胜任的具体工作，尽量将其做得有声有色。

三、个人品质与素质和家庭背景方面（Personal Qualities）

美国大学在录取新生时也很看重个人素质和其家庭背景等因素。如学生选择什么样的课外活动、是否愿意做义工、在活动中担任什么样的角色、参与活动的程度和表现等等。因为在某种程度上，这些活动很能反映出此学生的个人品质与素质。如是否为人正直诚实、遵守信义、有同情心和责任感、有愿意帮他人的献身精神、意志坚强、勇于面对困难等，这些个人品质与素质也是大学选择学生的参考标准之一。

例如，有人以为，父母同是长青藤盟校毕业，学历高（如硕士或博士），有收入很高的稳定工作（如医生、律师、工程师等职业），孩子又是在那种收费昂贵的私立高中读书，成绩好，SAT 分数高，文体都能玩一手，优秀得简直无可挑剔的学生，他们无不都抱定要进入美国顶尖大学读书的雄心大志，有此条件的学生一定会被常青藤盟校青睐。其实并不完全如此，这些学生的确优秀，大多数的好大学也确实愿意录取他们，他们进入一般的大学毫无问题。但在申请常青藤盟校和一些顶尖大学时，他们良好的家庭背景，有时也使他们在竞争中并不占优势。因为他们的家庭背景太好了，他们无论是在学业上还是在经济上都可以得到父母的全力支持。他们在最好的私立高中读书，得到最好的老师教授学业；他们可以花钱参加SAT补习班，以提高SAT的成绩；他们不用担心家里的经济情况，而有精力和心情去参加各种社会活动，做义工；他们似乎没有理由不优秀。同时他们也面临着更激烈的竞争，尤其是在常青藤盟校申请人群体中，这样家庭背景好，成绩优秀的学生的比例很高。而招生人员对这类学生的要求更高，这些学生也要做得更优秀才行。无形中增高了他们跨入顶尖大学的门槛。对家境好的学生，在申请材料里，特别是入学短文中，切忌以任何炫耀的口吻来谈论自己的好家境，优越的生活环境和方式，或流露出傲慢的情绪，不要给人一种被宠坏了的感觉。这些学生应能正视自己，在高中阶段提早计划，长时间地坚持参加一两项社区义工活动，让招生人员了解到，你是那种有能力有志向愿意靠自己的努力来创造生活和闯世界的人，而不是那种想在家庭背景庇护下坐享其成的人。

相比之下，那些美国低收入家庭的学生，他们的父母可能都没有上过四年制的大学（一般可能是两年制的社区学院毕业），职业不稳定且收入低。他们或者是家庭子女多经济困难，或者是因病或是其他原因失去父母之一方的单亲家庭孩子。他们上普通的公立学校，没有多余的钱去上 SAT 补习班，业余时间有可能要帮助父母打零工以做家用而没有太多的时间和精力去参加许多课外活动。他们被列为那种“家庭中上大学的第一代”。对于这些家境不好的学生，如果他们没有时间参加各种课外活动，并不表明这样的学生就与好大学无缘，如他们能在搞好学业的同时，力所能及地帮助家庭改善经济困境，这本身就是敢于挑战生活的一种积极人生态度和行为。这类学生如越是自强自立，不自卑放弃，就越能体现他们的自身价值。招生人员在考虑这些申请学生时，有可能或多或少地将他们的学业成绩，考试成绩所占的成分减轻一些，而更多关注他们在社会活动和个人品质方面的表现。如考虑他们在成长过程中如何克服困难，面对困难是否具有奋发向上的精神和自强不息的毅力等。这一点，对那些家庭收入较低，但聪明努力的中国学生来说，很有参考意义。

以上仅举例说明美国顶尖大学是如何看待不同类别的学生和他们的非学术表现，学生非学术表现的形式很多，衡量的尺度很灵活也很人性化。招生人员会尽量考虑各种因素对不同人群的影响，争取做到对每一位申请者，每一个阶层的学生，每一组学生群体都尽量公平对待，甚至对国际学生申请人也是如此。美国顶尖大学的招生原则虽然注重学生多参加课外活动和社会活动，并看中学生的某种特殊才能。但他们能理解，每个人的自身素质和家庭环境都不一样。不一定每个人都有条件去参加各项课外活动，不是每个人都能具有某项特殊才能。所以，那些自认为没什么特殊才能，自身天分不足的学生，不要对自己太不自信。有时对于招生人员来讲，你真正的个人兴趣是什么，到底是打篮球还是弹钢琴，你的才能是否非常出众，这些并不重要，重要的是你在活动中表现出的热情与付出。换句话说，对于申请人的非学术表现，有时招生人员更关注的是学生对各种活动的参与程度与态度，参与的过程而不是最终结果。他们更关注你是如何从生活中，从自己生长的环境中，从身边所发生的事情中学习的，参加这些活动学到了什么。每个人的生长环境和成长经历都相异于他人，你生活中经历的某些特殊事件，你获得的特殊经验，总有与别人的不同之处，这也正是你唯一性的一种表现。

总之，美国顶尖大学招生时的多元化原则，希望将来的新生群体是一个具有各种才能的混合性群体，而不仅是单一的，狭窄的，或因彼此太相近而无互补性的高分学生群体。希望他们之中不仅有科学或文学天赋极高的学业才子，还要有龙腾虎跃的体育健将，能歌善舞的文艺骨干，才思敏捷的政治活动家，有责任感和爱心的社会工作者，笔锋犀利的校刊编辑，组织能力强的学生会主席，热心公众事业的环境保护人士，以及带有不同种宗教色彩和风俗习惯的各族裔文化使者等等。让大学校园里人才济济，使学生在大学期间通过与来自四面八方，不同背景不同强项的学生生活和学习在一起时，取长补短互相学习，将自己的特长和生活经验与其他同学共享，从而获取许多在课堂上学不到的知识。为今后在多元化社会环境中生存而打下基础，可以想象这样的校园生活一定会多姿多彩。

第五节 入学短文

每所大学的申请表中都有一项，要求申请人写一、两篇申请大学入学的短文（Essay），文章的题目由所申请的大学给出。题目常常有三至四个，任由申请人挑选。请不要忽略了这篇文章的重要性。从某些方面讲，在绝大部分申请人的学习成绩、考试分数都非常好，难以分出高低的情况下，入学短文写得如何，将在大学，特别是美国顶尖大学招生录取作决定时起至关重要的作用。

入学短文是申请表中最困难也是最灵活的一部分，是唯一由申请人自己掌握的部分。在申请表的其他部分，申请人只是一堆堆呆板的数据，如家庭概况、平时考试成绩、SAT 分数等等。只有在这篇文章里，申请人才能表现出自己是一个活生生的人，才有机会向学校详细地阐述自我。无论是写自己的个人简历、生活背景；还是介绍自己的学业成就、艺术才能；或对某个论题、某些社会现象阐述自己的观点；这篇文章都须向阅读者展示本文作者是如何区别于其他申请人的，而这些信息在表中其他部分都体现不出来。如何让招生人员在每天阅读几十份，甚至上百份枯燥乏味看似雷同的申请表时，在看到你的短文时，会眼前一亮呢？这要靠申请人绞尽脑汁冥思苦想，将自己最精彩的一段生活和最能展示自己优势的某些具体事情，用合适的语言、流利的文笔画龙点睛地向大学招生人员描绘出来，以让大学能够慧眼识珠地录取你。而大学也想通过入学短文来尽可能地了解申请人的为人品行，对事物的态度看法以及对自身的认识，找出他们录取的是你而不是别人的理由。每年申请大学的学生们都在为这篇能表现自己唯一性和特殊性的入学短文而大伤脑筋。

一、短文题目

大学入学短文题目每校每年都不同，题目涉及范围很广。有的题目很大众化，涉及每个学生的学习和生活；有些题目却很刁钻，涉及到某些学术思想领域，或某本书中作者提出的某个观点，要学生加以评论。写这种文章要求学生有一定的写作能力和思维深度，这就要看学生平时的学习积累了。如果为了写好这篇短文章而在紧张的申请大学阶段去读此书而临时抱佛脚，恐怕来不及了。

短文的题目一般有以下几种类型：

1、描述自己的文章，或谈一些可反映自己个人素质的一些重要事情，而这些事情又不能在申请表中能反映出来的。

2、谈一些对自己成长过程中有重大意义的事情，或对你的生活有很大影响的人。

3、谈一谈你的兴趣、理想抱负所在和希望大学如何能帮助你实现理想。

4、谈谈自己的家庭和文化背景，等等。

二、短文题目举例

也许招生人员厌倦了好几年看相同题目的作文和内容相似的故事而想看看新文章新思想，也许是为了更好地了解申请人的写作能力，通用申请表在 2013 年 8 月做出的最大改变是将旧版申请表中的短文题目全部换成新题目，并将原来短文限制字数为 500 字内改为限 650 个字内。下面以 2013 年新修改的通用申请表和几个大学自用申请表给出的短文题目为例，供申请者参考（为了参考者方便理解，保留了英文题目）：

1、以 2013—2014 学年通用申请表中的短文题目为例（From 2013 ~ 2014 common application form，www.commonapp.org）：

1）有些学生的经历或故事能如此表现出自身的特质，若不将其在申请短文中写出，则申请不算完美。如果你是如此，那么请分享你的故事吧。（Some students have a background or story that is so central to their identity that they believe their application would be incomplete without it. If this sounds like you, then please share your story）

2）描述你曾经历过的某次失败事件或时刻，它如何影响了你，你从中学到了什么？（Recount an incident or time when you experienced failure. How did it affect you, and what lessons did you learn?）

3）请回想当你挑战一个信仰或理念时，什么原因促使你这样做？现在你是否还会再做出同样的决定？（Reflect on a time when you challenged a belief or idea. What prompted you to act? Would you make the same decision again?）

4）描述一个使你非常满意的地方或环境，你在那里做什么或有过什么经历？对你而言这个地方为什么有意义。（Describe a place or environment where you are perfectly content. What do you do or experience there, and why is it meaningful to you?）

5）论述某一次正式或非正式的成就或事件，它标志着你在自己的文化背景，社区或家庭里完成了从孩子到成年人的转变。（Discuss an accomplishment or event, formal or informal or informal that marked your transition from childhood to adulthood within your culture,community, or family.）

这几个题目很灵活，与前几年的题目完全不同。问题可深可浅，使申请人在回答问题时将其思想、思维、观点、成熟度等特质得以最大化地展现。其实现在的申请人大概并不关心新旧题目的不同之处在哪里，而最关心的是如何理解这几个新题目的核心含义，在写作时扣题而不跑题，写出让招生人员真正想看的文章。网上对新题目的评论很多，如每个题目的重点是什么，招生人员想从题目中获取社么信息等等。但同样的题目，每个人的看点不同理解就不同，所以在这里不想做过多的评论，以防约束读者的思路。写文章时要理清自己的思路，重点是要写出自己的与众不同，你完全可以按照自己的想法去写，只要扣题而不跑题就行，不要被别人的评论束缚。估计这几个题目通用申请表会用几年而不变，但大学本身自用申请表给出的题目则可能每年不同。所以近几年想申请美国大学的学生不妨在高一或高二时就思考这些短文题目，并考虑参加些活动以创造些可供书写的内容，提早行动思路宽。

通用申请表短文的要求：

1）新短文要求申请人具有能写出清晰简洁文章的能力，避免啰嗦，逻辑不清，华丽辞藻堆砌的文章。650 字的限制也不许你有多少空间去啰嗦。

2）用你自己的语言（不是他人的想法或代写）来展示你的与众不同。

3）除了你上的课程，课程成绩和考试成绩外，你还想让读你申请表的人能了解你哪方面的情况呢?

4）好好斟酌一下几个题目，选出一个能将自己最好的面目和才能展示出来的题目来写，短文不能超过 650 字但也不能少于 250 字。

下面是新申请表对短文写作的要求原文：

The essay demonstrates your ability to write clearly and concisely on a selected topic and helps you distinguish yourself in your own voice. What do you want the readers of your application to know about you apart from courses, grades, and test scores? Choose the option that best helps you answer that question and write an essay of no more than 650 words, using the prompt to inspire and structure your response. Remember: 650 words is your limit, not your goal. Use the full range if you need it, but don't feel obligated to do so. (The application won't accept a response shorter than 250 words)

不要忘记采用通用申请表的学校还会给出本校补充短文题目需要完成

（Supplement essay）

2、以 不采用通用申请表的 Georgetown 大学的申请短文题目为例

1）As Georgetown is a diverse community, the Admissions Committee would like to know more about you in your own words. Please submit a brief essay, either personal or creative, which you feel best describes you.

2） Applicants to Georgetown College: Please relate your interest in studying at Georgetown University to your goals. How do these thoughts relate to your chosen course of study?（If you are applying to major in the FLL or in a science, please specifically address those interests.）

3、其他常见的短文题目有：

1）你取得的最大成就是什么，为什么这样认为？（What is your greatest achievement? Why do you consider this an achievement?）

2）你经历的最大失败是什么，为什么这么认为？你从失败中学到了什么？（What has been your greatest failure? Why do you consider it a failure and what did you learn from it？）

3）你对哪方面的学术领域最感兴趣？为什么？（What academic areas interest you most? Why?）

4）哪一项课外活动对你最重要？为什么？（What extracurricular activity is most important to you? Why?）

5）你为什么想来这所学校念书？（Why do you want to attend this particular college?）

三、短文评估

1、大学招生人员如何审阅入学短文

大学招生人员，一般从三个方面来审阅每篇短文：

1） 作者的英文写作的能力，包括文章的文法是否正确，结构是否合理，选材是否新颖等等。

2）文章的内容，内容的深度和广度，文章的真实性、可读性、逻辑性、成熟度、文章的叙述表达是否流畅，它反映出作者的思维和表达能力。

3）文章的创造性与独特性，即文章能否表达出作者的唯一性或与众不同。

无论文章题目是什么，文章所描述的人是谁，描写的事件重要与否，短文的重点不是文章中的人物被描写的如何生动，事件如何引人入胜，招生人员想知道的是申请人的想法，你从文章中的人或事中学到了什么，它都给了你怎样的人生际遇，你是如何面对的，你得到了什么经验或教训。例如，你准备写你的老师或你社区的志愿者工作，不是写老师书教的如何棒，或志愿者工作的意义如何伟大，只须在文章的开始简短地介绍了人物或事件，余下的内容都将写出你与人物的接触中学到了什么品质，你从工作中学到了什么经验，这些品质和经验如何影响或改变了你，等等，从而更进一步了解你。这些内容是大学招生人员在阅读短文时真正想知道的。

2、大学招生人员如何评估入学短文

1）文章很短，文法较差，没有花精力去写，内容表达不清。

2）文法虽无错误，文章结构尚可，但文章较表面化，无实质内容，作者没有用心去写。

3）较典型的入学短文，可以看到作者付出了努力，虽不是独特或很出色的文章，但也有自己的观点，有一定的可读性。

4）文章写得很好，语言流畅，内容独特，可读性强，通过阅读文章可进一步了解作者。

5）文章写得非常好，内容精彩很有新意，是那种让读者看了以后很想与别人分享的好文章。

3、关于短文的几点建议：

1）写短文之前，将有可能作为短文的素材列出一个表来，仔细选择，因为选好素材是写好文章的关键之举。

2）选择题目和写作内容时，由于文章篇幅字数的限制，尽量不要选择如“维护世界和平”或“探讨人生意义”这类涉及范围太大的题目，也不要选择“宗教信仰”或“种族冲突”等敏感或抽象的话题，而应尽量选择发生在自己身上或自己周围的一些事情。招生人员想通过这篇文章得到更多关于申请人本人的信息，你是怎样一个人或你对某项具体事情的看法。无论选择什么样的题目，申请人应尽量从正面积极的角度去谈论，最忌无病呻吟。若谈论自己的弱点时，如何正视和克服它，并从中学到了哪些东西，是可选的题材。最好不要涉及太负面的事情，例如你曾经有过忧郁症，或有过自杀倾向，厌食症等消极的生活阶段。这类话题若谈论不当，可能会有负面影响。

3）无论选什么题目都要及早动手，最好在十二年级前的那个暑假和十二年级初就开始着手准备。从文章的构思、撰写、修改到完成最少要用一个月的时间来仔细推敲。许多大学都早在新学年开始前的暑假期间，就将下一年新生申请的作文题目公布于本校网站上。及早去浏览一下你想申请大学的网站，记下题目，给自己多留些思考空间。

4）写完短文初稿后，至少要请两个以上的老师和朋友帮助阅读与修改，除了确定没有语法及拼写错误以外，还要听取他们对文章的选材、构思和阐述观点所表达的其它意见。

5）每篇文章都要有自己的创意，不要跟在别人后面重复他人的题材、观点和语言。不要写那些每个人生活中都有可能发生的太常见的事情，尽量写一些只能发生在你的生活中的某些特殊事情来表现你的与众不同。例如，笔者曾看过一篇文章，讲某年某申请人曾以一篇纪念自己去世祖父的入学短文而被选入作文范文册，大学的招生人员则开玩笑地说："我们明年恐怕要有一个悲哀的年度了"（意思是可能会有不少人模仿这种题材写入学短文）。

6）不要试图把自己从出生到目前的人生经历象流水账一样地都写入这篇短文中，要找出你生活中最精彩的片断加以精心描述。

7）申请人写文章时要记住，文章是写给谁看（是大学招生人员，不是报刊杂志社）和写文章的目的（让大学了解你的为人和能力，希望他们能录取你）。所以文章要突出主题，不要扯一些与此不相干的事情。选择题目时，确认你完全理解了学校提出的题目。只有深入理解了题目，文章才能很好地扣题。

8）在入学短文中，不要重复申请表中其它部分已经提到过的事情，而尽量谈论一些申请表中没有出现而你又很想让大学了解的那些关于自己的事情。

9）近年来由于中国学生申请美国大学人数激增，很多人想在入学短文上能写得更精彩些，但又觉得自己英文不够好，于是请人代笔写文章的现象不乏其人。这种事情在美国也有，因为有市场，那种付钱就可帮你修改文章的网站，在互联网上堂而皇之地招揽客户。所以有美国大学招生人员撰文评之：希望申请人在写文章时可参考家长或成年人的建议，但不要请人代笔或完全遵从他们的意思写，文章让人读起来感觉太老于世故而根本不像一个十七八岁年龄人所写。文章写得青涩些，外国学生的英文语法生硬些都没关系，只要是你自己的语言和想法就好。招生人员声称，他们阅读短文成千上万，经验丰富目光犀利，是否代笔一读就明，想蒙混过关不太容易。所以还是花些气力自己去做这件事情吧，不要走捷径，聪明反被聪明误。

10）顶尖大学在录取学生时，要想了解学生的事情都基本相同。所以有时各学校提出的问题和短文的题目也类似。申请人若申请多所学校时，大可不必写多篇文章，将已写给 A 学校的文章修改后再寄给 B 学校是常有的事情。但要注意，修改后的文章内容，一定要符合其学校的题目。因为即使各学校提出的题目相似，但是提问题的角度或题目涉及的范围很有可能不同。所以申请人在修改文章时，一定要注意这些不同点，使文章既改动不大，又能切题。不要让某学校的招生人员在读你的文章时，明显的感觉到这篇文章不是写给本校的，而是回答了其他学校的问题。另外，修改文章时要仔细审核，一定不要发生写给 B 校的文章中出现 A 校的名字。如果发生这种情况，文章写得再精彩生动，也可能毫无用处。

美国的书店中，在关于申请大学（College Application）的栏目下，有许多教你如何写入学短文的书籍。或将前几年被常青藤盟校录取学生的优秀短文，装订成册供申请者参考。申请人不妨买一两本来读读，找找感觉，但也不要看得太多而将自己的思路束缚在其中。

第六节 推荐信

美国大学要求每位申请人应至少递交三封推荐信作为申请材料的一部分。推荐信可由学生顾问、任课老师、社区义工负责人等对申请人有一定了解的人来写。这是大学通过其他途径来了解申请者的辅助方法之一。大学招生人员不仅要通过入学短文来了解申请人是如何评价自己，还要通过推荐信来看看别人是如何评价申请人的，力求全面、客观和准确地评估申请人的实际水平。

一、推荐信（Recommendation Letter）的种类

1、正常推荐信

正常推荐信由学生顾问（中国学生可请班主任老师写）和至少两名任课老师来写。写信人通过他们对申请人的了解，对其各方面能力加以评估，找哪个老师写推荐信，以及推荐信中能否将申请者全面地介绍给大学，也是一个重要方面。推荐信写的好与差，在某种程度上对申请人被录取与否也会有影响。申请人应找最了解自己，对自己印象最好，能写出最符合自己情况的老师写推荐信。

2、选择推荐信（Optional Recommendations）

选择推荐信是包括在大学要求申请材料之中的一个选项材料，不是必须递交的材

料，并且各大学要求不同。若申请人所申请的大学有选择推荐信的要求，你最好提供一份以满足大学的要求。

3、补充推荐信（Supplemental Recommendations）

补充推荐信并不包括在大学要求的申请材料之中，是申请人在提交了老师和学生顾问的推荐信以及选择推荐信之后，觉得仍有其他信息还需要提供给大学而提交的补充信件。有些补充推荐信可进一步提供有关申请人学术方面的情况，但大多数都是关于非学术方面的情况。如推荐信来自于中学篮球教练、社区医院的义工负责人、音乐老师、校友会成员等等。

一般来讲，大学并不太重视这些补充资料，因为大多数选择和补充推荐信并无太多的新意，只是重复其他推荐人已经提到过的事情，除非它能进一步提供关于一些申请人新的和有价值的资料。所以申请人想转达给大学的信息，尽量通过大学要求的推荐人（老师和学生顾问）的推荐信来转达。如果申请人在某些领域里的工作，老师与学生顾问不太了解，不能提供详细的信息时，可以采用补充推荐信来提供这些信息。例如申请人高中十一年级的暑假期间，在一个计算机软件公司工作了整个夏天。你在那里工作努力，表现良好，但其他推荐者并不了解你在那里的工作情况，这时计算机软件公司部门经理的一封关于你夏季工作出色表现的推荐信，将会是锦上添花。

另外对请校友会和一些知名人士写推荐信这件事情，必须慎重对待。大人物无论其知名度多高，在大学招生人员面前，他的身份也只能是学生推荐人。谁都不否认名人效益，知名度加上有价值的推荐那是再好不过。但如前所述，除非这些大人物对你非常了解，能提出别的推荐者不能提供的信息，但如果他对你并不了解，或只是你父母的朋友，没有新意的推荐信，无论出自谁手都没有太大的意义（美国总统或比尔·盖茨之类人物的推荐信大概例外）。美国大学招生人员，尤其是名校的招生人员，多为心高气傲者，并不会轻易就买谁的帐。找个大人物来写推荐信，甚至可能会引起他们的反感，他们也许会觉得申请人很不自信，非要找个大人物在背后当靠山，由此产生的想法有时会对申请人不利。

二、选择老师写推荐信时应从以下几个方面考虑：

1、选择了解你的老师写推荐，他不光熟悉你在课堂上的表现，而且对你的家庭、社会活动、个人爱好等方面也有所了解，最好是你的十一年级或十二年级的任课老师。

2、找对你印象好的老师写推荐信，老师对你的印象好，他愿意推荐你，愿意花时间和精力去发现你的优点，斟酌词语用句，用生动的例子和自己的看法对你进行全面和正确的评估。如果你找的老师对写推荐信的事表示出踌躇或犹豫，或建议你去找其他人写信，那你一定不要坚持。不要找这样的老师写信，至少说明他对你的印象平平。对那种文章像流水账、只列举了你的高中成绩、排名，说一些没太大用处千篇一律的赞扬话，似乎只有五分钟就写完了的推荐信，谁都没有兴趣去读，对你也没有帮助。

3、要找较认真负责，办事不拖拉的老师写信，再征询高年级学生的意见，找个口碑较好，能按时将信写好并及时寄出的老师写推荐信。这点很重要，信写得再好，不能按时寄出，可能会延误大学作出录取决定。

4、老师的推荐信，能对你的强项给予有力支持。如果你的强项是英文，那最好找一位英文老师写，他（她）能证明你的阅读写作能力如何，还能举出例子说明你哪篇文章写得好和好在哪里。如果你的理科好，可找数理化老师写，他们能描述你在这方面的天分如何等等。如文科很好的学生找理科老师写推荐信，也许他想写得好也写不到点子上。

有些人对推荐信的作用很不以为然，认为谁都能找到一两个为自己说好话的老师写推荐信。但要找到同时具备以上几个条件的老师写信似乎有一定的难度。为了找到合适的人选，申请人花一点时间仔细考虑一下是值得的。

三、申请人应做的几件事

1、要提前做准备，在十一年级时就应在心中琢磨好大概有几个老师能作为给你写推荐信的人选。到了十二年级时就及早地跟老师说明请他写推荐信，让老师也有个心理准备，多留心一下你的情况，好有内容写入信中。一般来说，至少要给老师们两个月的准备时间。

2、准备好一些关于自己学习和生活重点的资料，写下来，交给要给你写信的老师，供其参考。因为老师可能要给许多学生写推荐信，不一定对每个人的细节事情都记得那么清楚。写一个简单的资料，帮助老师在写信时回忆你的情况，尽量使老师推荐信中介绍的情况与你申请表中所填的内容相一致或相补充。这些材料包括：

1）你准备报考的大学名单，哪个大学是你最想去的学校，申请难度如何。

2）为什么选择这些大学报考，想学什么专业。

3）自己的简历，在那里上过中学，在高中选修过哪些课程，对哪些课程感兴趣，哪些是荣誉课（AP 或 IB）。

4）自己的强项与弱项。

5）将高中以来自己参加过的主要课外活动列一个表，并说明得过什么奖，学到了什么东西。

6）生活中发生在自己身边的一些重要事件，哪件事对自己影响最大，哪些事印象最深。

7）所申请大学的申请截止日期。

8）准备好了写有大学名称，地址的信封和邮票，以方便老师写好信后寄往学校。

3、找一个时间与要给你写推荐信的老师和学生顾问细谈一次，将你的想法告诉老师，你想进入什么样的大学，你为什么请他写推荐信，希望老师可以帮助你做什么。

4、快到申请截止日期时多询问老师几次，问明推荐信是否已寄出？实际上是核实老师的工作进程，如老师还未将信寄出，礼貌地提醒老师，截止期已快到了。

5、大学申请过程结束后，要送给曾给你写推荐信的老师感谢卡，感谢他为你付出的时间与精力，并在得到大学录取时及时通知他（她）们，不要忘记再次感谢。

6、对于国际学生，如果推荐信为非英文，最好在寄原文时附上一份英文译文。

7、有些美国高中，在同意为申请人写推荐信之前有一项选择要求，要求申请人选择在进入大学后，是“保留”还是“放弃”查阅别人写给自己推荐信的权利。（在法律上，申请人有权要求查阅推荐信）。有些大学的申请表中也要求申请人在这项要求中二选一。这就把申请人推入了一个两难的境地。若申请人同意放弃这个权力，那些为其写推荐信的高中老师和学生顾问会没有心理压力，不用担心万一推荐信中的某些用词不当，当初推荐的学生若日后看到而可能会对自己不满，甚至秋后算账。大学可能会对推荐信的真实性更有信心。但倘若真有不利措辞或错误信息在其中，申请人也将无从得知而只能听天由命了。如果你不同意放弃这个要求，当然也无可非议，因为这是你的权利。但写信的老师可能会有各种顾虑，觉得你既然不相信他，为何还请他写推荐信。招生人员也许会产生疑问，觉得你是否有什么事情要隐瞒，或担心推荐信中有什么内容会对你不公平，至少认为你对自己信心不足。所以大部分申请人在思量之后，都往往不得不选择放弃这个权利，对自己和对别人都要有信心。如果你放弃这个权利之后，推荐人愿意让你浏览他写给你的推荐信，你当然可以接受，这并不违规。

四、大学招生人员能从推荐信中得到哪些信息

1、招生人员会将申请人对自己的描述和评价，与推荐信中老师对其的评价相对比，从中寻求一致性。例如申请者认为自己在领导才能方面比较突出，招生人员就会注意到推荐信中是否提到这一点，若提到过，又是如何评价的。若有申请人自吹自擂，再加上推荐者大力赞赏，更能加强招生人员对其的好印象。

2、对于在申请表中，或在入学短文中没有提到的一些关于申请人的信息，推荐信可以是一个补充的信息来源。入学短文常常会给出这样的题目：“你在申请表中列

出的高中各项活动中，哪一项活动对你意义最大？为什么？”一般要求这篇短文不超过 500 字。这 500 字的文章篇幅实在有限，只能描述一件事情，一项活动，其他对申请人也很重要的各项活动就没有地方可以描写了。这时推荐信就可以助上一臂之力，帮你做一些资料补充。

3、招生人员从高中学生顾问的信中可以了解到，申请人学校的排名系统、学校的评分标准、学校如何给出平均成绩 GPA、如果学生选用了荣誉班（AP 或 IB）的课程，评定成绩时是否考虑到课程的难度而允许给成绩加分等学校的一些具体情况，帮助招生人员进一步确定申请人在高中学校的排名位置。

4、虽然满纸赞誉之词的推荐信，不一定就给申请人增光，招生人员还要根据其他许多因素来综合评定申请人。但平平淡淡的推荐信绝对会使申请人减色，招收人员很有可能会产生某些疑问，或许你大概就是那种毫无特色的一般学生，否则怎么连给自己说些好话的推荐人都找不到呢？

五、推荐信范文：

Recommendation For Jackie

Every now and then, I come across a student whose situation in life humbles me and gives me a healthy dose of perspective. Jackie is one such student. Her grades are not the best in the school, her extracurricular involvement rather ordinary. But her optimism in the face of hardship and commitment to improving her lot make her stand above other students with comparatively comfortable and easy lives.

Jackie comes from a single-parent family of six, she being the second eldest. Her father, an alcoholic, left her mother when she was quite young. If that wasn't enough, we have evidence that the man Jackie's mother later married physically abused the children, until she finally divorced him two years ago. Jackie's mother earns a very modest living, and the family finances forced Jackie into taking a job to help out. Interested in medicine, Jackie took a position at a hospital cafeteria, reasoning that if the work didn't stimulate her, at least the surroundings would. She wanted to find a way to meet professionals in medicine to learn more about her career possibilities. She has worked thirty hours a week for several years now, which explains her minimal involvement in activities at school.

As I mentioned, Jackie's overall grades are not the best, but her science and math grades have been consistently high. Jackie was selected to participate in a six week hospital internship for accomplished high school students interested in medicine last summer, but had to decline because it conflicted with her work responsibilities. Still, the nomination itself is an acknowledgment of her talent.

In the face of all this, Jackie remains positive about her life prospects. In fact, her response to the missed opportunity at the hospital was, “I'll just have to be more diligent about learning from the doctors and med students that I meet at work.” Never once have I heard her complain about her situation. Granted, she does not fit into the straight-A, multi-activity mold, but she has so much more to offer in other ways.（摘自参考书目 4）

参考译文：

有时，我会遇见这样的学生，他在生活中的表现令我自叹弗如，犹如给我开了一剂良方。嘉姬就是这样的学生。在学校里，虽然她的成绩不是最好的，她在课外活动方面的表现也很普通，但她面对困境时所持有的乐观态度和为改变自己命运所承担的义务，与其他家境优于她的学生相比，她则显得更为突出。

嘉姬在有着六个子女的单亲家庭中排行第二。在她很小的时候，酗酒的父亲就抛弃了她的母亲。不仅如此，她母亲再嫁的男人还虐待孩子，直到两年前她们离婚。嘉姬的母亲收入微薄，家庭的经济状况使嘉姬不得不去打工以帮助家用。因为对医学感兴趣，嘉姬在医院的餐厅里找了份工作。她认为，虽然工作平淡，但至少医院的环境能激励她努力。她希望借此机会能遇到一些医学方面的专业人士，能更多地了解她今后职业生涯的潜力。几年来她坚持每周工作 30 小时，直到如今，这也解释了为什么她很少参加学校活动。

正如我前面提到的，嘉姬的总体成绩虽不是最好，但她的理化和数学成绩一直很好。去年暑假，嘉姬还被选中参加为期六天的医院实习工作，这是专门为对医学有兴趣的优秀高中生们准备的活动。可是，因这项活动与她的工作相冲突，她不得不放弃了。然而，能得到提名本身就是对嘉姬能力的一种肯定。

尽管面对种种困难，嘉姬始终对生活前景持积极的态度。她对错过在医院实习机会的回应是：“我要更加勤勉地向我在工作中遇到的医生和医科学生们学习”。我从未听她抱怨过自己的境遇。虽然她不是那种得全 A 的，参加多项课外活动的学生，但在其他方面，她有许多值得一提的事情可讲。

这封推荐信虽然不长，却将一个看似很普通，但对人生持积极态度，敢于面对困境，自强自立，有责任心的学生形象，展现在招生人员的面前。推荐信还从侧面解释了嘉姬参加课外活动不多的原因，并特别提到，她虽不是全 A 的学生，但理科是她的强项等等，使嘉姬成为一个很有吸引力的申请人。

第七节 面试

面试是美国顶尖大学在招生时了解学生的另一个辅助方法，并不是每所大学都要求申请人面试。各大学都有自己的面试程序，要求很不同。本节将介绍一些美国大学对申请人面试的要点供参考。

一、面试（Interview）的要求

1、有些学校要求申请人来大学校园面试（On campus interviews）。

2、有些则要求学校招生代表（College Representative）或学校指定的，经过一定面试培训的校友（Alumni）与申请人进行面试，如卫斯里女子学院（Wellesley College）。

3、如果有些学校在某地区或某国家没有校友，则学校取消对该地区的申请人的面试，如乔治城大学（Georgetown University）。

4、有些学校允许某些地区的申请人自主选择是否参加面试，如斯坦福大学（Stanford University）。

5、有些学校只对某些专业要求面试，如康奈尔大学（Cornell University）。

6、有些学校甚至并不要求面试，如阿姆赫斯特学院（Amherst College）。

7、有的学校规定凡是申请本大学的学生，如果想进行面试，必须在某个截止日期以前主动与大学某个部门联系，以确定面试日期，错过了截止期则失去了面试的机会，如麻省理工学院（MIT）。一般对于申请提前行动（Early Action）的学生，面试截止期在 10 月下旬左右，而正常申请（Regular Action）则在 12 月上旬，申请人要提早去学校网站查询。MIT 非常推荐申请人参加面试以便学校能更全面地了解学生本人。

8、也有的大学要求申请者不要主动与大学联系有关面试事宜，而是等待大学的面试通知，如布朗大学（Brown Brown University）。如果申请人被通知去面试，在某种程度上说明此大学对你很感兴趣，需要了解更多的信息。如果申请人在面谈中表

现出色，那么被这所大学录取的可能性就很高。

以上所举之列，今后也许会有改变。所以在阅读大学申请材料时，一定要看清楚大学对面试的要求，并根据自己的情况决定是否参加面试。

参加面试并不是申请大学过程中必须做的一个环节。有的大学表示，参加面试与否，以及在面试中的表现如何，只是大学录取过程中的一个参考方面，并不能完全左右录取决定。有些非常优秀的学生由于时间和地点等客观因素，不能参加学校面试，也不会影响学校对其最终的录取决定。但也有相关信息表明，对于那些处于临界状态，即学校有可能录取，但还在考虑之中的申请人来说，面试的结果可能会是个相当重要的参考因素，可能会影响学校对你最终的取舍。美国的顶尖大学一般都要求尽可能安排申请人面试，并非常重视面试所传达的信息。

许多中国学生可能认为，美国大学隔洋相望太遥远，似乎没有机会去参加面试。其实不然，美国许多名校，如哈佛、哥伦比亚、康奈尔等大学，都曾有招生人员专程

以大学本科教育为主的顶尖私立文理学院阿姆赫斯特学院（Amherst），教学质量和设备一流。校园内古木参天，绿草茵茵，郁郁葱葱，风景典雅秀丽，是潜心读书的好地方。

前往中国的某些大城市面试申请本校的学生。并且中国北京和上海等大城市都有常青藤盟校和其他名校的校友俱乐部存在，其中某些校友即是经过学校培训的招生代表，可代表校方对海外申请人进行面试。许多学校都将本校负责某地区面试人员的相关信息放在学校的网页上，若中国学生希望参加面试，可上网查询并与负责中国地区的面试人员联系，也有机会进行面试。

二、面试的基本作用

1、对校方来说，他们想要招收优秀的学生，不仅参考申请人的学校成绩和考试分数，而且通过其对学校面试者提出问题的回答，以及在整个面试中的表现，更直观(面对面）和更深一层地（一些申请表中无法了解的信息）了解其个人素质，如表达能力、个人成熟度、自信心和沟通能力、本人的唯一性等信息。

2、对申请人而言，也可以借此机会表现一些申请表上不能展示的个人优势，并尽可能地提出问题，以便更多地了解学校各方面的情况。因此，成功的面试，取决于申请人对问题的回答是否切入要点，提出的问题是否表明对学校真正的关注，以及自身性格正面的表现。

三、面试的时间安排

对于可以选择参加的面试，申请人是否应该去参加，在很大程度上由本人的性格决定。如果你是一个开朗大方，不怯场，能够在陌生人面前全面又不过分地表现自己的人，面试可能会给你的申请过程增加正面值；反之如果你是一个腼腆、羞怯，遇到陌生人就有可能词不达意的那种人，或英文表达能力太差的国际学生，对自己用英文交谈没有信心，建议你尽量不去参加面试，以免增加负面值。但是如果校方要求面试，却被申请者拒绝，且拒绝的理由又不那么充分合理，则有可能被学校认为你对该校兴趣不高，或对自己信心不足，因此甚至有可能坐失良机。

如果自己可以安排面试时间，尽量将志愿排在后面的学校，先安排面试。而将自己最想去的学校安排在后面进行面试。这样即使由于经验不足，在开始面试时的表现不尽人意，也不会有太多的遗憾。几次面试以后就会得到一些经验，就有可能在自己最想去的学校面试时谈笑自若表现出色。

四、面试时校方可能提出的问题

许多“面试问题”与“入学短文题目”很相似。所不同的是，对于短文题目的回答是写在纸上，有字数的限制，不易发挥；而对于回答面试的问题，申请人可根据情况，将内容伸长或缩短，可选择性地加强语气，表示强调某些内容，并可适当地添枝加叶，使内容更充实。有时问题回答的好坏，很大程度取决于申请人有备而来的临场发挥。

1、学术背景和高中学校（Your Academic Background and School）

1）告诉我一些关于你的课程，你最喜欢哪一门高中课程，为什么？哪一门课程对于你来说是最困难或最具挑战性？（Tell me something about your courses, what is your favorite subject in high school? Why? Or what courses have been most difficult or most challenging for you?）

2）你喜欢你的高中学校吗？你是怎样描述你的学校的？（Do you like your high school? How would you describe your school?）

3）你最喜欢哪位老师，为什么？（Who is your favorite teacher? Why?）

4）你取得的最大学术成就或经历过的最大失败是什么？（What is your greatest academic accomplishment or failure?）

2、个人生活（Personal Life）

1）告诉我一些你自己的生活，包括你的家庭背景和你在哪里长大？（Tell me about yourself, including your family background and where you grew up.）

2）你最喜欢哪本书，最喜爱哪位作者，最欣赏哪一部电影或和电视剧？为什么？（What is your favorite book, author, movie or TV? Why?）

3）你经常阅读哪一份杂志和报纸（What magazines or newspapers do you read regularly?）

4）哪一个人对你的生活影响最大（What person has most influenced you in your life？）

3、关于课外活动（Your Extracurricular Activities）

1）哪项课外活动中你做的贡献最大？（What has been your greatest contribution to an extracurricular activity?）

2）你有什么爱好和特别感兴趣的事情？（Do you have any hobbies or special interests?）

3）你如何描述自己的家乡？（How would you describe your hometown?）

4、关于大学的问题（Question About College）

1）哪一项标准对你选择大学最重要？（What are your most important criteria in looking at colleges?）

2）你对于我们学校最感兴趣的是什么？为什么想来这所学校念书？（What is of the most interest to you about our school? Why do you want to attend this particular college?）

3）你在大学里想学的专业是什么？（What do you think your major will be in college?）

4）你将来选择的事业目标是什么？（What are your future career goals?）

5）你还申请了那所学校？（What other colleges are you considering?）

6）我们为什么应该录取你？（Why should we accept you?）

7）有什么问题吗？（What questions do you have?）

申请人可从上述各类型问题中挑出几个问题，准备一些简单答案，以便被问到时，可从容回答。

五、申请人可向校方提出的问题

在面试快结束时，校方面谈者会请你提问题。如果你被邀请提问而不提问，则有可能被认为你对该校不了解，不关心，对是否被录取可能不太在乎。而提出问题，则有机会表示你对学校了解的深度，以及你对自己将来受教育前景的关注程度。应该在面试之前准备好三、四个可以问的问题，请你提问时，选择一个你认为适合当时情况的问题提问。你提的问题不应该是学校简介上已有答案的问题，或说一些不着边际的话。例如你告诉对方你想学建筑专业，而该校的大学课程里并没有提供建筑专业，这不仅显得很傻，校方也会产生疑问，你是否认真考虑过要来该校读书，怎么会对学校有哪些专业都不知道？至少校方有可能认为你是不善于收集积累信息的人。另外，所提的问题不应是简单的“是”或“否”就可以回答的问题。如不要问对方学校是否有MBA专业，而得到的只是“有”或“没有”的答复，而应是有一定的深度，让对方经过思考分析后才能回答的问题。一定不要在面试结束时问对方自己做得如何，自己是否有希望被该校录取等那种校方面谈者不能回答，或难以当面回答的问题而令他感到为难。下面是申请人可向校方提出的问题供参考：

1、以你的观点来看，这所学校在什么地方区别于其他学校？什么是学校的强项？（In your opinion, what makes this college unique? What are the school's strengths?）

2、哪个专业在学校最受欢迎，为什么？（What are the most popular majors and why?）

3、你如何描述该校的学生群体？（How would you describe the student body?）

4、在我离开之前，你认为有什么关于申请本校的主要事宜，我应该解释的？（Are there any major issues concerning my candidacy that you think I could usefully address before leaving?）

六、面试的一些建议

1、如果申请者准备参加面试，面试之前一定要详细阅读该校的简介，并尽量记住该校的主要情况。让学校面试者有一种来者确实对本校很感兴趣，是认真且有备而来的感觉。

2、面试之前最好能在熟悉的朋友面前进行一次面试练习，使自己增加信心。

3、将自己想说的事情列出一个表，认真考虑如何措词并以适当方式来表述自己的强项，不要过分张扬，也不要太过谦虚。在面谈中可以谈一些你所参加的学校课外活动，你的兴趣爱好，曾经或正在参加的义务工作，社区活动，以及生活中对你有特殊影响的事件等等。可以带上自己的高中成绩单和简历，以便在介绍自己时作为备用材料给校方面试者参考。尽量从正面的角度去谈论任何事情，让人感到你对人生有一种积极向上的乐观态度，不要随意批评或抱怨某人或某事。

4、要对自己写入申请表中的内容很熟悉，并有明确的解释。例如，如果你在申请表中的课外活动一栏里，提到你在十一年级暑期参加了一项很有意义的活动，但当面谈者让你详细谈谈这项活动时，你却支支吾吾地说不出个一二来，那面试者会对其真实性产生疑问，至少会认为你是在夸大其词，写得好却做得少。

5、如果你想在面试中给面试者留下好印象，首先要衣着得体大方，虽不一定要西服革履，但也不能穿短裤，小背心，太短的裙子，太紧身的上衣，拖鞋或跟太高的鞋，不要化浓妆和洒太多的香水，不要边说话边嚼口香糖。要彬彬有礼，语言文雅，态度认真，仔细听对方的问题，不要打断对方的话。回答完整的问题并注意不要跑题。给出正确的身体语言信号，即身体坐直，双眼直视对方并尽量保持与对方的眼睛接触达五秒钟，然后可看别处几秒钟，放松一下，然后继续回视对方。请不要忽视双眼接触所表达的信息，如果在面试期间，你不能一直正视面谈者，眼睛看着别处，会给人一种信心不足或缺乏对对方信任的感觉。

6、不要过分紧张，但也不要做出一副随便的样子。如翘二郎腿，单腿颤动或把手抱在胸前等动作。整个面试期间都要精力集中，保持对对方尊敬的态度和对谈话内容感兴趣的态度；无论面试时间多长，都不要在校方面谈者面前看手表，如果让他感到你对谈话内容流露出满不在乎的情绪，或者很不耐烦，希望面试尽快结束的感觉，将会产生很不好的负面印象。

7、要准时到达，最好提前五分钟，任何迟到的面谈，无论什么原因，都会让面谈的结果大打折扣。如果已约定了面试时间，但因某些原因，申请者不能前往赴约，一定要事先打电话给校方面谈者，说明原因并取消面试。不然，有时后果对申请者非常不利。笔者得知，某一名牌大学的校方面谈者曾经将那些没有如期前往面试，但又没有事先取消约会的申请人的材料，全部扔到垃圾桶中，表示该校不会再考虑这些人的申请。因为他认为失约而又不作任何解释，足以表明申请者未有诚意考虑来该校读书一事，该校则没有理由要录取他（她）们。

8、面试结束之后，尽快给校方面谈者发一封感谢的电子邮件，以示礼节性地谢意并能加深他对你的印象。

CHAPTER 04

第四章 | 申请美国大学

本章将申请美国大学分为准备阶段和实施阶段，对某些步骤进行了详细介绍，并介绍了提前申请美国大学具体事宜，以及对中国学生申请美国大学的时间安排提供了建议供参考。

第四章 申请美国大学

本章将申请美国大学分为准备阶段和实施阶段，对某些步骤进行了详细介绍，并介绍了提前申请美国大学具体事宜，以及对中国学生申请美国大学的时间安排提供了建议供参考。

第一节 申请大学的准备阶段（高中九年级至十一年级）

中国的高中生要进入大学，一定要通过政府举办的全国统一高考，并达到规定的录取分数线才有资格进入大学，是“考”入大学的。想上大学的学生被称之为“考生”。而美国高中生想进入大学，是在家里填写申请表，向你想去念书的大学提出“申请”，想上大学的学生被称之为“申请人”（Applicants）。大学接到申请表后，按照一定的参考标准来衡量某个申请人，再决定录取与否。

什么时候开始做申请美国大学的准备工作最合适？一般认为应从九年级（相当于中国的初三），即进入高中起的第一年就开始最合适。如此之早地开始做申请大学的准备，其主要原因是因为美国大学在考虑录取学生时，不是仅仅考察申请人在十二年级（中国的高三年级）时的成绩和表现，而是要考察申请人在高中四年的（精确地说是高中三年半）全部成绩和参加课外活动的记录。宏观地考察其课程选择的合理性，学习成绩的稳定性（成绩最好是呈一个上升的趋势，不要起伏太大，最忌呈向下的趋势），以及参加课外活动的连贯性，这样比较全面地分析每一个申请人。

学生进入九年级时可以根据自己的兴趣、爱好、条件和目标的设定，即将来期望上一个什么样大学等因素，制定一个基本可行的计划。有了目标与计划，就可能比较从容合理地安排自己高中阶段的生活。不至于临到申请大学时才想起还有哪些课程没有选，或课外活动记录太少，但当时又没有合适自己的活动，搞得很被动。下面向申请者提供了在申请大学准备阶段其主要内容安排的参考计划。

一、九年级（中国中学的初三）—— 计划阶段

1、初步选定高中四年的课程 （如果学生在中国学校上高中，学校课程由学校设定，学生没有选择的余地）。据自身特长设定参加课外活动的基本方向，如体育类、文艺类。

2、开始寻找并参加合适自己的各种活动，如参加什么学生团体，能胜任什么样的职务？参加什么样的社区活动，去哪里做义工等等。

3、高中阶段的暑假安排，是去参加补修课程还是参加一些团体活动。

4、计划何时开始复习 SAT 或 TOEFL 考试，何时参加考试。

二、十年级（中国中学的高一）——准备阶段

1、开始寻找有关大学的资料。

2、修改与完善高中的课程与课外活动计划。

3、如果学生在十年级所选学的某门课程，并不打算在十一年级和十二年级再继续选修，并自认为这门功课学得很好，可在十年级学期将结束的 5 月份或 6 月份，参加此门功课的 SAT II 考试。因为某门功课的 SAT II 考试的最佳时期，是在刚完成该课程的学习后，所学的知识记忆犹新。

4、开始复习准备 SAT（ACT）或 TOEFL 考试。

三、十一年级（中国中学的高二）——重要准备阶段

1、进一步寻找有关大学的资料，上网查询自己感兴趣的学校，了解学校的排行名次、教学水平、师资力量、学生来源、录取难度、专业取向等等因素，对今后想上的大学进行初选。

2、将自己的兴趣、爱好、教育目标、艺术才能、社会活动项目、个人素质等各方面情况列出一个详尽的表格，使学生对自己有一个正确的评估。

3、与高中学生顾问约定时间，讨论如何根据你的实际情况，做好申请大学的准备。

4、获得各地区大学将举行的大学的交流展示会的时间和地点（College Fair），现在互联网发达，许多学校在网上举办大学展示会（College Fair online），申请者可关注具体日期，上网与大学的教师和学生聊天，获取你想要了解的信息。

5、根据你目前所得到的大学资料和对大学的了解，列出你所感兴趣并基本符合你的教育目标，且个人能力水平基本能达到的一些学校，并将这些学校的基本性质加以比较：例如学校的学术声誉、学校的大小、所在地点、专业领域、社区与文化环

境、学费以及得到资助的机会等等，逐渐缩小自己选择大学的范围。

6、开始收集有关大学费用及关于申请大学奖学金的信息，了解关于获取奖学金的各种渠道。如去图书馆查资料和上网搜寻，找一些提供奖学金和经济资助的基金会，组织和大公司，了解他们向学生提供资助的条件。

7、据自己当前的成绩水平，决定是否参加在5月份和6月份举行的SAT I考试，也可准备参加SAT II考试。

8、若学生在高中时选修了AP课程，准备参加每年5月份举行的AP考试。

9、确定要申请大学的初选名单后，向各大学发电子邮件，索取招生简章，大学申请表格及其他有关的资料。仔细阅读并进一步明确自己的申请方向和兴趣所在。

10、基本确认将要给你写推荐信的老师、学生顾问或其他人。

11、如有可能，在十一年级夏季假期进行美国大学的校园访问。

12、如果对自己在十一年级考过的SAT成绩不满意，可利用整个暑期复习准备参加将在十二年级初举行的SAT（ACT）考试。

四、各种申请录取计划

一般来说，申请美国大学有三种申请录取计划，其主要区别在于申请人递交申请表的截止日期，大学对申请人被录取与否的通知日期，以及大学要求被录取学生回复决定的日期各不相同。这三种计划为：

1、正常申请录取计划（Regular Admissions Plan）

正常录取计划是大学的标准录取程序，大学要求申请人在指定的申请截止期前(一般从每年的12月底至1月中旬）递交申请表格。截止期过后，大学招生人员开始审核所有申请人的材料，并在同一时期（通常在3月底至4月初），全美各大学同时向所有申请本校的学生通知学校对其申请的决定，即申请人被录取，或被拒绝，或被放在候补名单上，并要求被录取学生在学校指定的时间之前（通常为5月1日之前）回复是否前往该校入学的决定。

2、提前申请录取计划（Early Admission Plan，详见本章第三节），其中又分为几种：

1）提前决定申请录取计划（Early Decision Plan，简称ED）

2）第二次提前决定申请录取计划（Early Decision 2，简称ED2）

3）一般提前行动申请录取计划（Early Action Plan，简称EA）

4）唯一选择的提前行动申请录取计划（Single-Choice Early Action，简称SCEA），又称“受限制的提前行动申请录取计划（Restrictive Early Action Plan，简称 REA）”

3、滚动式申请录取计划（Rolling Admissions Plan），本章第二节详谈。

五、申请方法

1、网上申请（Applying On Line）

1）采用通用申请网站和通用申请表进行申请（Common Application）

美国大学通用申请表是一个非盈利组织，成立于 1975 年，旨在为学生申请美国大学和大学录取学生提供完整，快捷和可靠的服务。该组织设计了一种大学申请表格，即“通用申请表（The Common Application Form）”，简化申请和审阅过程，并可一表投递多校。在录取过程中采用此表格的大学由当初的 15 所大学参与发展至今天的 500 多所，并且还在不断地增加。其中 160 多所大学将通用申请表作为本校录取学生时的唯一申请表，包括如哈佛耶鲁这类常青藤盟校，也有如卫斯里女子学院（Wellesley）和阿姆赫斯特（Amherst）这类一流的文理学院。还有一些学校，既允许申请者采用通用申请表，又允许申请者进入本校的网站，采用本校编制的网上申请表格递交申请，申请者二选一皆可。申请人可进入通用表格网站 http:// www.commonapp.org 查寻和确认哪些学校接受通用申请表，在网上填写通用申请表，填好后直接发给那些接受通用申请表的大学。并了解相关信息。

为了不断地适应时代的发展，在根据学生的知识体系不同，学校对申请人审核的改进，自身表格系统界面的优化以适应网络使用和更方便的申请操作等各方面的变化，通用申请表自成立起至今已与时俱进地进行了四次改版，最近的一次改版已于 2013 年 8 月启用。新版不再提供纸质申请的版本，单纯通过网络申请（Online Application），更加增强了网络申请的优越性。

2）通过大学自己的网站和申请表格进行申请

虽然使用通用申请表方便快捷，但不是所有的美国大学都接受它。例如，在《美国新闻与世界报道》2015 年大学排名榜前 50 名的大学中，目前还有十几所学校所大学目前不采用通用申请表。其中大部分是公立学校，如加州系统的州立大学，伊利诺州香槟分校等。但也有一些私立大学，如麻 MIT 和 Georgetown University 等等。申请者如对于那些不接受通用申请表的学校感兴趣时，就要分别登录各大学的网站，进入该大学的招生网页（Undergraduate Admissions）进行网上申请。每所大学都将申请本大学招生的详细信息列在网页上供申请人查询。申请加州大学的学生要请注意区分加州大学（University of California）和加州州立大学系统（California State University）这两个不同的州立大学系统，其申请表格与申请程序有所不同。

2、采用邮寄申请表的方式申请大学（Applying On Mail）。

虽然美国绝大部分大学都已接受网上申请学校的过程，但仍有某些大学不接受网上申请。这些学校要求申请人可以从通用申请网站上或学校的网站上下载申请表，但不能在网上传送给学校，一定要将填好的表格邮寄回学校的招生办公室，学校才接受其申请，申请时要看清学校的要求。也许过不了多久，这些学校也要与时俱进地全部采用网上申请的方式了。

第二节 申请大学的实施阶段（高中十二年级）

若你已选定了想要去读书的大学名单，下一步就进入了申请大学的实质阶段。不同的大学对申请者的入学申请要求不同，下面将大部分大学的申请步骤归纳如下，并详细说明申请过程中的某些具体步骤供参考。

一、申请大学的十个步骤

以下所谈到的十个步骤并不完全按照时间顺序排列，只是将申请过程各个方面的内容加以归纳，在申请过程中有些步骤是同时进行的。

步骤一：从所申请的大学网站上下载申请表或向大学索取申请表格和信息资料，时间最好不要迟于十二年级的 10 月份。

步骤二：参加大学要求的考试，并要求考试机构将考试成绩送往你所申请的大学，多数申请人都在高中十一年级下半学期和十二年级初参加 SAT 或 ACT 以及托福考试。

步骤三：请高中老师和学生顾问为自己写推荐信，申请人一般应在十二年级开学时就确定为自己写信的老师，并确认高中老师所写的推荐信和学生顾问所写的评语都能在申请截止期前寄往所申请的大学。

步骤四：完成大学申请表格并在大学要求的截止期前寄出，一般大学的申请截止期都设在 1 月 1 日。

1、填写通用申请表（Common Application Form）——申请步骤中最重要的一环

采用通用申请表的最大优越性在于它的一表多用。申请人不必像以前那样需向每一所申请的大学索取申请表来分别填写，并分别邮寄，可从这繁杂的申请过程中脱离出来，将主要精力放在如何填好表中的内容。如果你选择申请的大学恰好都在这500多所接受通用申请表的学校之中，那么申请人只需在网上填写一份通用申请表格，然后将你想寄送申请表的学校列入选送栏中，一按键盘，申请表就会漂洋过海地送到要申请学校的招生办公室之中。互联网真是让繁杂的申请大学过程变得简单多了，尤其是对海外的申请者而言。

进入通用申请表网站，还可以得到每所学校非常重要的简明信息。如申请截止日期、申请费用、要求考试项目等等。下面以波士顿大学（Boston University）在此网站上提供的简要信息为例：

Criteria	Boston University
Address（地址）	121 Bay State Road, Boston, MA 02215
Contact Info（联系信息）	Phone: 617-353-2300, Fax: 617-535-9695 Email Address: admission@bu.edu
Application Deadlines（申请截止期）	First Year（大学新生） September（申请九月入学） Early Decision（提前决定申请截止期）11月10日， Early Admission（提前决定录取日期）1月1日 Regular Decision（正常申请截止期）1月1日 January（申请一月入学） Regular Decision（正常申请截止期）11月1日 Transfer（转学申请） September（申请九月入学） Regular Decision（正常申请截止期）3月1日 January（申请一月入学） Regular Decision（正常申请截止期）11月1日
Application Fee（申请费）	所有申请人均为$80
Test Policy（考试政策）	Always Required（需要考试成绩，请参考波士顿大学网站）

Criteria	Boston University
Recommendations Required（需要推荐信）	School Report（学校成绩单） Mid Year Report（最后学期的期中考试成绩） Final Report（最后的期末考试成绩） 1 Teacher Evaluations（一封老师推荐信） Non-Academic Evaluations（不需要学术评估）
Supplements Required（补充材料）	Not Required（不需要）
Exclusive User of the Common App（仅采用通用申请表申请）	Yes（是）
Common Application for Transfer Admission Accepted（接受转学学生的通用申请表）	Yes（是）
Saves School forms After matriculation（大学录取后是否保留申请表）	No（不保留）

2、下面按通用申请表中问题提出的顺序，以其主要内容为例加以分析。

1）个人数据（Personal Data），主要内容包括申请人的个人信息，如姓名、生日、家庭地址、国籍、种族等等。

2）教育数据（Educational Date），列出申请人从九年级起至申请大学时所就读过的高中和暑期学校，甚至包括曾选修过大学课程的大学和学院。

3）考试信息（Test Information），虽然大学宣称不接收学生自己寄出的考试成绩，而要求必须由考试机构寄出才会被接收，但通用申请表和许多大学提供的申请表中还是要求申请人填写其 SAT 或 ACT 的考试成绩，以供参考。

4）家庭基本信息（Family），主要包括申请人父母的姓名、职业、学历和婚姻状况。

5）学业或学术奖励（Academic Honors），列出申请人九年级以来在学业上（如优秀学生干部奖）和学术上（如数学竞赛奖）的各种主要奖励。

6）课外活动（Extracurricular, Personal, and Volunteer Activities），列出申请人在学校参加的主要学术活动、文体活动、义工等活动。还有某些特殊事件和主要成就，如在某次音乐大赛中获奖，或你所参加的校篮球队在某次大联赛中获得冠军，你在队里担任中锋等等。

7）工作经验（Work Experience），列出过去三年来申请人所做过的工作（包括有偿或无偿工作并包括夏季工作）。

8）入学短文（Personal Statement），要求申请人从表中提供的四、五个短文题目中选择一个为题，写一篇短文。

9）教师评估（Teacher Evaluation），主要内容包教师的姓名、联系方式、对申请人学业和个人素质的全面评价（至少选两个老师和一名学生顾问填写）。

10）学校成绩单（School Report），主要填写申请人高中所选课程（须指明课程的难易程度，如是否为 AP 、IB 或荣誉班的课程，还是一般课程）、年级排名、平均成绩、学生顾问的姓名，并将高中学校提供的该学生高中三年半的正式成绩单（即包括高中九年级至十一年级的学习成绩单，申请人十二年级第一学期的学习成绩单）、高中简介（School Profile）等资料作为附件与此表一同提交。

3、填写美国大学自己的申请表

虽然采用通用申请表对申请人很方便，但许多美国大学还是要求申请人填写大学自己的申请表。美国各大学的申请表无论设计的表格有几张，形式如何变化，内容如何组合，其主要问题的范围都基本与以上十项内容范围相同或相近，区别可能在于各校提出问题或要求的侧重面不同。而申请人对以上十项内容的回答中，每项回答都含有一两个方面的潜在含义。大学招生人员在审阅申请表时，会根据你的回答联想或引申到其它相关方面，举几例予以说明：

1）学生国籍：美国学生还是国际学生？两者在大学经济资助方面的“待遇”不同（详见第六章）。

2）所属种族：在拥有美国国籍的前提下，是否属于可能受到某些照顾的“少数族裔”（详见第五章）？

3）所读高中：高中所在地是否为经济发达地区？高中是私立还是公立性质？本大学以前是否收过此高中的学生，成绩如何，整体记录如何，以此作为参考值来判断此高中所提供学生成绩含金量的高低与否（详见第三章）。

4）考试成绩：SAT/ACT 的分数是否在本校招收新生成绩的中间 50% 范围之内？（即从 25% 至 75%，例如：某大学去年招收的新生，其中间 50% 的 SAT/ACT 成绩范围是 2000 ~ 2100，这表明有 25% 新生的 SAT/ACT 成绩低于 2000，而另有 25% 新生的成绩高于 2100）。这也是衡量申请人学习成绩好与差的参考标准之一（详见第三章）。

5）父母的学历和所就读的大学，父母是否为本校毕业生，这将关系到申请人在与自己条件相同或相似的其他申请人竞争时，可否得到作为本校毕业生亲属而有可能被优先考虑录取的优势（详见第五章）。

6）学术奖励，将直接反映申请人在某领域的智力水平和努力程度。平时在某科目学习成绩拿 A 也许并不太难，但要得到某项（无论哪一项）被公众承认的学术奖励，申请人则必须有能够解决一定难度问题的才智，或写出一定水平文章的才华才行，从而估测其未来发展的“潜力”。

7）课外活动，据说许多招生人员凭借多年的审核经验，随便一瞥申请人参加课外活动的记录，既能基本准确地鉴别此人为何种类型的学生，是否为“书呆子”。而在形形色色的课外活动中，申请人展现出的 “优秀体育竞技”和“出色领导才能”最能拨动招生人员的心弦。

当然还有入学短文，教师推荐信和高中成绩单等等，所传达的重要信息前面已经讨论过，这里就不重复了。招生人员通过从上而下地阅读了申请表后，马上会在脑海里勾画出该学生的大概轮廓。这张由以上看似繁琐的杂事填满的申请表就是申请人向大学出示的自画像。你在填表时一定要煞费苦心地挑选要填写的材料，将自己精心（必须真实）地打扮起来，以展示出最佳形象。申请美国大学的关键就是填好申请表格（即你做得再好，但表中没有反映出来，则对申请大学毫无帮助），而申请表中的核心部分就是画龙点睛的入学短文。

4、通用申请表的补充表格（Common Application Supplement）

通用申请表虽包括了大部分大学想要了解的基本内容，但仍无法涵盖各大学千差万别的特殊要求。所以有些大学还要求申请人填写一份符合本大学要求的补充申请表格，以了解其他相关信息。有时，在补充表格中还会附加一、两个学校要求的短文题目要求申请者完成。请不要忘记填写通用申请表的补充表格，没有此表，申请过程也不能算完成。

总之，以上填写这些申请表格中的各种信息和短文是大学招生人员了解申请人的途径之一，除了那些硬性数据外 （如家庭背景，平时成绩，考试成绩，等等），要尽量填写得具体些而不是浮在表面，例如招生人员想了解：在填写你的课外活动时，你说自己表现优秀，如何优秀？你参加跑步，跑得多快？你会小提琴或钢琴，会演奏那些曲目难度如何？你喜欢写文章，是仅限于英文课写作还是有文章发表在校报或市报上？你参加篮球队，是中锋还是前卫，是队长还是队员？你参加环保活动，你是组织者还是队员？活动中你是出谋划策的人还是具体执行者？你参加几项活动的时间长度是几次还是两年？你说你想去某大学念书， 那你对你申请的学校区别于其他学校的情况了解多少？为什么这所学校适合你，若被录取了，你能给校园文化带来什么样的贡献？你是如何将自己区别于其他申请人，大学为什么应该录取你而不是他人？等等。尽量在如此窄小和限制字数的表格内，将自己的声音和不俗的表现完好地展示出来。

5. 申请时间表

下面以不同的私立和公立学校的申请时间表为例，说明申请程序的大概时间（这里仅是举例，不能保证以后时间再有变化），其他学校基本相同。但各校申请时间每年都有可能变化，请随时查核。申请过程中最重要的一步是要在截止期前将所有申请材料寄出，不然所有努力都将前功尽弃，文章写得再漂亮也没人看。

麻省理工学院（MIT）的申请时间表（摘自 MIT 学校网站）

重要日期	应完成的申请项目
九月份开学后，尽快做好准备	递交申请表中关于个人信息的第一部分（Part 1）
10 月 20 日	申请“提前行动录取（Early Action）”面试截止期
11 月 1 日	申请“提前行动”（Early Action）截止期，递交递交申请表中关于个人信息的第一部分（Part 1）；关于入学短文，部分学业考试成绩单和课外活动的第二部分（Part 2）的申请表格以及教师推荐信等全部申请资料，建议在 10 月 15 日前交出。
11 月	对于提前行动的申请人，参加本月最后一次的 SAT，或 ACT 和 TOEFL 考试。参照各种考试的具体日期。
12 月 10 日	申请正常录取（Regular Application）面试截止日期
12 月	对于正常申请过程的申请者，12 月份是最后一次考 SAT 的月份， 1 月份的 SAT 考试成绩只能根据具体情况接受

重要日期	应完成的申请项目
12 月中旬	提前行动申请者接到是否录取的通知
1 月 1 日	正常申请截止日期，递交全部申请资料，建议递交申请的日期为 12 月 15 日
2 月 15 日	申请资助（Financial Aid）截止日期，递交其他材料，如期中学期成绩单等材料的截止期。
3 月中旬	正常申请获得被录取通知
5 月 1 日	被录取者回复是否接受此校录取决定的截止期

密芝根州立大学（University of Michigan） 申请时间表

重要日期	应完成的申请项目
2 月 1 日	申请秋季入学截止期（Fall Term）
11 月 1 日	申请“提前行动”截止期（Early Action）
10 月 1 日	申请冬季入学截止期 （Winter Term）
2 月 1 日	申请春季半学期入学截止期 （Spring Half Term）
2 月 1 日	申请夏季半学期入学截止期（Summer Half Term）
12 月 1 日	申请音乐，戏剧和舞蹈学校截止期 （Deadline for School of Music, Theatre & Dance）
12 月 24 日	提前申请获得被录取通知
4 月 1 日	正常申请获得被录取通知
4 月 30 日	申请资助（Financial Aid）截止日期
5 月 1 日	被录取者回复是否接受此校录取决定的截止期

步骤五：递交申请费

大学申请费一般为 80 美元左右。多数学校要求与申请表同时寄出。即使申请者的申请被拒绝，申请费也不能退还。但不交申请费，大学就不考虑你的申请。许多学校对低收入家庭的学生免收申请费，但需要让学校学生顾问提出相应的证明。

步骤六：参加面试

大学面试一般都安排在申请表寄出之后进行，详见第三章第七节。

步骤七：申请资助

多数学校要求申请资助的表格与其他申请表格同时寄出，有的学校也允许稍晚些寄出，详见第六章。

步骤八：向所申请的大学送高中学校的成绩单

如同大学不接收学生自己寄给大学的考试成绩一样，大学也不接收学生自己寄给的中学各科成绩单，只接受由高中学生顾问寄给大学的学生高中在校成绩单。申请时应寄给大学的成绩单按寄出的时间顺序列出如下：

1、申请人高中九年级至十一年级的学习成绩单（School Report or Transcript），由于申请美国大学的时间段是在十二年级的上半学期，学生在申请时只能提供高中前三年的成绩单。这份成绩单应在申请截止期前被寄往大学，一般在 1 月 1 日之前。

2、申请人十二年级第一学期的学习成绩单（Midyear Report），这份成绩单在十二年级第二学期初，即第一学期的成绩得出后应及时被寄往大学，一般在 1 月中旬左右。

3、最后在高中十二年级学期结束前，申请人的十二年级期末成绩出来以后，高中学生顾问还要将其“期末总成绩单”（End of Year Transcript），寄往已申请的甚至已得到录取通知书的大学。申请人不要以为十二年级下半年的成绩无关紧要，尤其是美国顶尖大学还是要参考此成绩单继续评估学生。如果成绩大幅度下降，还有可能被已录取的大学拒绝。

以美国麻省理工学院招生人员在 3 月底给某届录取新生的录取信为例：

麻省理工学院（MIT）的毕业典礼仪式庄严隆重，学校的教授和各方代表等重要人物都已在主席台坐定。

“我代表大学招生人员，恭贺你被 MIT 录取为本届新生。我希望你与我们一样的心情激动，并与你的家人一起利用晚上的时间去庆贺。作为一个母亲，我也希望你明天立即返回学习状态，以优异的成绩完成学业。MIT 是不会录取懒人的，这个录取是以你成功地完成高中学业为前提的(即若成绩下降太多，录取有可能被取消)。”(On behalf of the Admissions staff, it is my pleasure to offer you admission to the MIT Class of xxxx year... I hope you are as thrilled about this offer as we are and that you will take the night off to celebrate with your loved ones. As a mother, I also expect you to get right back to work tomorrow and finish up the year with top grades, since MIT does not admit slackers and this offer of admission is contingent upon your successful completion of the school year.)

申请人最应做的一件事是核实自己的高中成绩单。向学生顾问要一份自己在学校存档的高中三年半的成绩单，与自己手中保留的成绩单仔细逐项核实，包括所学课程和最终成绩，确认列出的各项成绩都是正确的。因为成绩单有时很容易出错误，如申请人自己不去核实，错误很难被查出。

步骤九：与所申请的大学核实自己的申请状况

在申请表寄出两至三个星期后，申请人应收到所申请大学的电子邮件通知，告知学校已收到其申请材料，并在电子邮件中给出密码，让申请人进入学校提供的申请网页里查询目前自己的申请状况如何。学校会在此网页里详细列出申请人的哪些材料已经收到，哪些还未收到。现在美国几乎所有大学都接受网上申请，所以没有旧日要靠邮件往来的邮路延迟问题。如果在寄出申请表两至三个星期后还没有得到所申请学校的回复，请马上与该大学招生办公室联系核实，确认大学是否收到自己的申请。一般可能有以下几种情况发生：

1、学校仅收到部分申请材料。最有可能收不到的材料，是由高中学生顾问寄出的那部分，如高中成绩单，学生顾问与任课老师的推荐信等。申请者要再次与学生顾问核实学校邮箱地址和寄出的时间。

2、大学未收到考试中心寄给学校的 SAT 或 TOEFL 等考试成绩单。申请者要向考试中心查询，要求其再次将成绩寄往你所申请的大学。

3、学校未收到报名费用。一般申请者采用信用卡网上支付的方法付费，学校都能收到。但如果采用邮寄支票的方法付费，则有丢失或延误的可能。申请者再补寄一张即可，大学会将多收的支票返还给申请人。

步骤十：大学对申请人的回复（4月初）和申请人对大学的回复（通常为5月1日）

一般情况下，大学招生办公室对向本大学递交申请学生的录取与否，会有以下四种可能：

1、申请人被大学录取（Acceptance）

2、申请人被大学延期考虑是否录取（Deferral）

3、申请人被放入候补录取名单之中（Waitlist）

4、申请人被大学拒绝录取（Denial）

下面分别讨论一下这四种情况：

1、申请人被大学录取（Acceptance）

每年的4月初（一般为4月1日至4月5日），是美国各大学向申请人发放录取通知书的日子。高中生们都翘首以待，希望被自己所申请的每一所大学都能录取。即使被录取后不去，也表示自己的能力得到了承认，颇有成就感。在录取通知书发出的那几天，有多少高中学生守候在计算机屏幕前一遍遍地刷新所申请学校的通知页面，希望看到那个“祝贺（Congratulation）”的字眼跳出来。如果申请人被某大学录取，随后你将会收到一封沉甸甸的大信封，其中包括一封祝贺信，如何回复大学的录取决定和回复截止期等各种入学信息。如果申请人有幸同时被几所大学录取，你可以有近一个月的时间来比较选择，到底回复哪所学校的录取？这是整个申请过程中最轻松愉快的一段时间了，好像是辛勤劳动过后的收获季节一般。

申请人被大学录取后对大学的回复有三种情况：

1）从录取你的学校中选一所你最想去的学校，回复他们你要去的决定。

2）在接受了某大学录取决定后，还要尽快回复那些已录取你，但被你拒绝的那些学校，以便这些学校能及时将这个位子转给在本校录取候补名单上的其他申请人。

3）还有少数申请人向被录取的学校提出申请延迟一年入学（A gap year），因美国一些大学允许这样做。有些人想在进入大学学习之前休学一年去做些自己想做的事情，如旅行看看世界，或学一门语言或技术，或参加某个社团组织的项目去某个地区开展活动，等等。能否延迟入学首先要了解录取申请人的学校是否允许这样做，有些学校即使允许也会要求申请人说明延迟的理由，并被学校认可后才允许延迟入学。所以申请人要了解清楚后再做决定。

多数情况下，最能左右决定取舍的因素有两个：

其一，哪所大学可以提供奖学金或经济资助，或哪所大学提供的资助多。

其二，哪所大学的学术名气大，有自己喜欢的专业。

这时的主动权完全握在申请人手中，要仔细斟酌，选择一所最适合自己的学校回复。

大多数院校都将 5 月 1 日定为申请人回复是否接受此校录取决定的截止期。一旦申请人决定了去哪所大学念书，一定要在学校规定的截止期前将预定金（Deposit）和同意去该大学念书的确认信回复给该大学招生办公室。每个申请者只能选择一个学校，并且所交预定金不能退还。如过期不予回复，则表明申请人放弃了该校的录取。

如果申请人被自己第二选择的学校录取，而被第一选择的学校放在了候补录取的名单之中时，情况就有点复杂了。此时申请人必须明确，放在候补录取名单中的学生被录取的可能性很难确定，因时因校而异。特别是那些美国顶尖大学，每年的候补名单中都有好几百人之多，而最终可能只有几名学生被录取（详情后面还要继续讨论）。在这种情况下，你必须首先选定一所已录取你的学校回复并交预订金以保证你在此校的位置。一旦最终有幸被你的第一选择学校从候补名单中录取，并且你也决定接受此录取，那么你已交给其他学校的预定金是不能退还的。预订金的数额一般都在 500 美元至 900 美元之间。申请人要仔细权衡一下，你的第一选择是否真正的适合你，该学校各方面的质量是否更高、是否值得你放弃已交预订金的学校。也有极少数美国大学不收预订金，例如麻省理工学院（MIT），她名声大，财气粗，非常自信。MIT 认为被她录取的学生个个优秀，并且大部分都会选择本校。即使有学生放弃，本校的补充生源充足，候补的学生一样优秀。所以 MIT 豪爽大气，她的提前申请计划采用的是“提前行动计划”，对提前录取而不来的学生没有任何法律约束，对于正常录取而不来的学生也不给压力，没有预订金要求。

2、申请人被大学延期考虑是否录取（Deferral）

这是针对申请大学的“提前决定计划”和“提前行动计划”的申请人而言，详见本章第三节。

3、申请人被放入候补录取名单之中（Wait List）

曾有某大学招生人员谈到候补学生名单时是这样说的，今年本校收到太多优秀学生的申请，招生人员都不忍心拒绝这些好学生。将这些学生放在候补录取名单中，其实就是另一种方式来表示拒绝：“本校应该录取你，但实在是名额有限，学校没有足够的位置来容纳如此多的好学生，不是所有的优秀学生都能被录取。”

但是被放在候补名单中的学生面前，学校的大门还没有完全关闭，还留了一条缝隙给你些最后的希望。因为每年到底有多少被大学录取的新生会选择或放弃录取，这对大学招生人员来说始终是一个未知数。一般情况下，每年总有一定比例被某校录取的新生选择其他学校而不选择某校。所以据经验，大学每年实际录取的新生名额要比实际需要的多一些。当多录取的这部分学生还不足以补充整个新生群体的空缺位子时，该大学就会考虑从候补名单中录取学生，以补足空缺。但有时也有相反的情况发生，即被录取的新生大部分都选择了该校，使这一年的新生群体不仅没有空缺，甚至还有可能超员。这时大学根本不可能从候补名单中录取一个学生。

也有少数大学每年名正言顺地从候补名单中录取学生，以此来调节新生群体中的多样化组合。如某大学开始录取的一名会打美式橄榄球的学生没有接受本大学的录取，那么招生人员就会从候补名单中找出一名具有此特长的学生予以补充。但大多数学校只是根据名额的需要从候补名单中录取学生，而且每年从候补名单中录取的学生数量变化很大。特别是那些美国顶尖大学，它们的候补名单中的学生人数通常在数百名左右，有时一个也不会录取，有时又可能会录取几十名学生，候补录取情况真的很难预测。

当申请人被放入候补录取名单中后，大学会寄给你一封邮件，询问申请人是否愿意保留在候补录取名单之中。通常有两种选择，“同意”(Active)或“放弃”(Inactive)。选择“同意”的学生表明你愿意留在名单之中，一旦学校新生群体有空位，学校可以重新考虑你的申请。若选择“放弃”，则被学校除名。

如果申请人决定继续留在候补名单之中，而且这是你非常想去的大学，你不应消极等待，有几件事情可以做：

其一，给大学招生人员写信或打个电话来表明你的态度，向他们强调你对该大学如何地感兴趣，表达你非常想去的愿望，告诉他们这所学校是你的第一选择，并表示一旦被大学候补录取，自己一定会接受。这点很重要，因为大学愿意录取那些真正想去该校的学生，候补录取这些学生后，他们很可能会接受，招生工作也能尽快完成。而对那些虽然表示愿意继续留在候补名单之中，但似乎热情不高的申请人，也可能就不会考虑了。

其二，给大学再寄一些任何能够增加自己正面值的辅助材料，如十二年级的最终成绩单（如果考得很好），以前一起学习工作的他人再寄一封信给学校以便学校对你了解的更多，以及在申请大学材料寄出之后得到的一些奖励，发生的有意义的事情等等，以加深大学招生人员对你的好印象。

其三，可以与大学招生人员联系，了解一下该校的候补名单中，是否将这些候补学生按可能被录取的顺序予以排列。如果有排列，自己在候补名单中的序列位置靠前还是置后？哪种学生有条件被优先候补录取？如果招生人员愿意回答你的问题，你就可以进一步了解自己的“候补状态”如何，以正确估计自己被该校录取的可能性。

申请人被放入候补录取名单中，其实不是件轻松的事。当你最终被某大学从候补名单中录取时，问题就来了。首先，大学一般要求被从候补名单中录取的申请人要立即表态是否接受录取，并且不允许推迟入学时间，更不允许延迟到第二年再入学。其次，有些大学的候补录取通知会很晚到达，甚至在大学开学的前一天或在开学之后才通知申请人。如果你同意保留在候补名单中，你必须对以后可能发生的事情有一个准备。不妨设想一下，你已经到达了你选择的学校，报到入学，入住宿舍。一切安排妥当之后，忽然接到大学名单中首选学校的候补录取通知，如果这并不是你非常想去的首选学校，就放弃这迟来的喜讯而进入已经选择的学校入学；若是你非常想去念书的学校，你要将再次打起行李转赴它乡，重新注册，虽挺麻烦，倒也值得。

4、申请人被大学拒绝录取（Denial）

申请大学是一个双向选择的过程，有的大学录取了你而你没有选择她。当然也会有你想去的大学却没有录取你。被你所向往的大学拒绝是申请中的常事，难过一会儿就行了，一扇门关闭了，还有另一扇门向你开启，打起行装去录取你的大学念书吧。你还年轻，人生旅途中机会多多，也许那个在你申请表中被你排在梦想学校之后，并录取你的学校是真正适合你的学校，也许你在那里念书会更加游刃有余，生活得更加如鱼得水。

但是如果你对某所大学独有情钟，非常渴望去那里念书，还有以下几个方法可以尝试（只是尝试，成功的希望很小）：

1）给大学招生办公室打电话，确认他们发的拒绝通知没有错误，虽然这种情况极少发生，但做一点点努力予以确认也是值得的。

2）给大学招生办公室写一封热情洋溢的信，再次强调自己的优势，说明为什么这所大学应该录取你。这举动看起来似乎有些小儿科，且希望渺茫，但也说不定会“柳暗花明”呢。

3）无论用哪种方式，向大学再次表明你非常想去的愿望，试图说服大学将你放在候补名单之中，或者争取有可能在春季入学，发生这种情况也不太可能。

4）等待下一年再申请该大学，这是非常没有把握的选择。

5）若你不在乎一年的等待，还可向被录取的学校提出申请延迟一年入学（A gap year）。若大学允许延迟，在这一年中，除了做你想做的事情外，也可选择再次申请你的梦想大学，再给自己一次机会，能否如愿就随缘吧。

以上几种种方法只是尝试，成功希望几乎没有或很难预测，但下面两种方法是可行的。

1）申请人先进入已经录取你的大学念书，然后，在念大学一年级的课程期间，再次向你所心仪的大学提出申请，若这次申请有幸被录取，作为转学学生（Transfer Student），在新生第一年学习结束之后可转入你想去的大学，并可从大学二年级开始在此校继续学业。许多美国好大学接收的转学学生，都是在高中毕业申请大学时未被该大学录取的学生。这样虽然有些麻烦，但是可尝试的方法。申请人一定要仔细了解转出和接收学校的具体规定，给自己定一个可行计划，边学习边做转学的准备。美国大学生可以随意转学，这不能不使笔者感到这又是其教育体系的一大优势。俗语说，树移死，人移活，高中学生在选择大学时，虽然大部分人都经过认真比较，仔细挑选而所锁定最终目标；但一经被大学录取，打点行装要启程时，对要去读书的大学、所选择的专业是否真正适合自己，相信有不少人还是心中没底。并且在入学之后，肯定会有一部分学生会对自己所进入大学的某些方面，产生或多或少的不满或不适应，因此转学的事情在美国大学一、二年级时常发生。但转学的步骤并不简单，与重新申请大学差不多，只是在填表时略有差别，且正在读书的大学成绩也很重要。转学的过程费时费力，又可能耽误课程，故想转学的学生一定要慎重考虑，斟酌再三。

2）当你大学本科毕业后，向你所向往的大学申请读硕士或博士研究生。美国有些名牌大学更注重其研究生教育，能进入你所心仪的大学读研究生，也许比在那里读本科更为精彩。

二、对申请过程的一些建议

1、在申请大学的具体步骤实施以前，一定要清楚学校要求的各种截止日期。在查阅你所申请学校的网址和学校简介时，请关注以下几点重要信息（每所大学都可能不尽相同）：

1）接受考试成绩的截止期

2）接受申请表的截止期

3）面试截止期

4）学校向申请人发放录取通知书的日期

5）申请人回复学校是否接受录取的回复截止期

申请大学过程的具体开始日期，最好定在截止期的两个月之前，以便给自己留出充分的申请时间。错过申请截止日期，就意味着错过了申请该大学的机会。

2、在填申请表时，有时会遇到一些需要申请人仔细斟酌后再回答的问题。例如，可能会问你是否对该大学的某个部门或某个学院感兴趣？有些大学里包含好几个学院，其中某个学院的申请难度很大，但如申请该大学的其他学院，则被录取的可能性相对大些。如果申请人在申请时并不能确定申请哪个专业，但又确实喜欢这所大学，可以先申请被该大学录取相对容易的专业或学院，一旦被该校录取，可进一步了解学校的情况，并在合适的时机转入你所喜欢的专业和学院学习。还有，每个学校的申请表中，都会提出一些需要简短回答的小问题，不要忽略这些小问题的重要性，一定要像写“入学短文”一样认真地回答每个小问题。

3、整个申请表填完以后，请别人全部审核是否有错字丢字或名字写错等问题存在。如果连所申请大学的名字都拼错，是否受影响不说，至少说明你是个粗心的人。例如，许多学生在申请约翰·霍普斯金大学时，都把其名字“JOHNS HOPKINS”错拼写成“JOHN HOPKINS”。

4、申请表寄出前，与所申请大学列出的“审核单”（Checklist）再最后核对一下，看是否有什么事情忘记了。

5、中国学生尤其注意，不但要将自己填写的申请表部分在截止期前寄出，并要确保高中成绩单和教师及推荐信也要按时寄出，在截止期临近时，多询问几次，以免学生顾问因不熟悉美国大学的申请程序而忘记在截止期前寄出。

6、网站一般都在12月25日圣诞节那天休息。12月底时，由于大部分美国大学的申请截止期临近，申请人的大量登陆，造成网路异常拥挤，有时很难进入网站。申请人应及早动手避开峰期。

7、申请人不要以为将申请材料填表寄出后就可休息了，还要经常查看自己的邮箱，以免错过学校发来的信息。笔者认识的一位学生，就是因为没有及时查核邮箱信息，没有看到某大学通知其面试的邮件而错过了面试机会。

8、在网上申请时，在将电子表格送往申请的学校之前，一定要打印在纸上留底存档。不要以为数据存在计算机的硬盘内是保险的，万一病毒侵入，将会丢失所有数据。

9、申请人不要把所有的精力都放在申请自己的第一选择（Reach School）或第二选择（match school）的学校中，第三选择的学校，即安全性的学校（Safety school）也要认真填写，因为你也很有可能去这里念书。即使你的GPA成绩4.0，SAT成绩近乎满分，课外活动别具一格，谁也不能保证你一定被你想去的第一和第二选择学校青睐，若再不认真填写你第三选择学校的申请而被其拒绝的事情也有发生。尤其是那些常常被人称赞的好学生，不要自以为是地认为凭自己的优秀条件，第三选择的学校一定会录取你。而那些被你视为第三选择学校的招生人员也是阅读了成千上万的申请表而经验丰富，浏览一下申请人的概况就有可能知道此人是将本大学当成垫底的安全性学校来申请，像你这样的优秀学生原本是他们希望能得到的学生，但若让人家感觉到你申请的不认真，即使录取了，你大概也不会来此地读书，那录取你的名额还不如给一个各方面条件虽不如你，但若录取了确很有可能来读书的学生呢。所以，那些各方面都表现优秀的学生在申请美国大学时，要了解大学录取的游戏规则，更要收起你的优越感而多点危机感，不然，若因为僧多粥少运气不佳被好大学落选，又因为心高气盛而被安全性学校拒绝，优秀反而成为劣势，才是惋惜。

10、填表时一定要真实，各项成绩和参加的各种活动都要如实填写，有一写一，有二写二。适度自吹自擂是可以的，但不要子虚乌有，没有发生的事情和不具备的才能不能编造。大学招生人员个个经验丰富，火眼金睛，每年要阅读上千份申请表，一旦发现某个人的申请表与学校的学生顾问，或老师推荐信中的内容出入太大，他们会要追根寻源问个清楚。如发现申请人有言语不实，弄虚作假，或过于夸大其词地吹嘘，将会给申请人带来非常不利的负面影响。前些年的《羊城晚报》曾转载了美国洛杉矶媒体关于中国留美学生伪造成绩被开除的相关报道，现摘录如下：

“据加州大学洛杉矶分校负责生物医学和生命科学博士学课程招生工作的官员戴维·迈耶披露，一名从中国武汉大学毕业的学生，在印第安那州珀杜大学攻读硕士学位时，向加大洛杉矶分校提出了就读该校生物医学和生命科学领域博士学位的申请。并在当年春天被录取。但加大洛杉矶分校据一项匿名举报进行调查后发现，该学生提供的成绩单中有七门课程没有修读过。多项成绩被篡改，三封推荐信中所称赞的也是他未修过的课程。为此，加大洛杉矶分校宣布取消其入学资格，并加强对申请就读该校博士学位的外国学生——尤其是中国大陆学生——所递交成绩证明文件的审核。

美国教育界非常关注这一事件。由公立和私立教育机构组成的美国教育教育委员会的发言人蒂莫西·麦克多诺说，“这是美国所有大学都关注的事情。这不仅仅是有关中国学生的问题，由于目前因特网上随处可以得到伪造文凭和成绩单，这个问题会变得越来越普遍”。当然，这只是个例，但希望引以为戒。

现在的情景不幸被麦克多先生言中，留学申请过程中的造假状况似乎有增无减，在申请过程中总会有人太过于功利地在申请材料里面做文章，或曰过分包装，或填写些根本没有的或夸大事实的经历，或找人代笔写英文文章和从网上抄袭文章，等等，让那些以真实材料为基础申请的学生感到大家没有站在同一个起跑线上。现在美国大学也采取了许多措施来防止或提早发现申请中的造假情况，如通过某个网站或某种软件来辨别申请人的文章是否为抄袭或抄袭的程度，通过评估公司或本校的评估系统来评估申请人，尤其是国际学生的学业成绩，或通过增加面试来进一步认证申请表中的内容等等，各大学都有自己的核实办法。申请人不要自作聪明，拿自己的信誉当儿戏。

在当今互联网迅速发展和信息爆炸的时代，更是会有道高一尺魔高一丈，或魔高一尺道高一丈地较量一番。即使你今日可以蒙混过关，保不准十年之后在你事业辉煌之际，你曾经的不实之举被人挖掘出来遭人质疑，也许会经历如“打工皇帝”般的境遇而后悔之晚矣。

三、再谈滚动式申请录取计划（Rolling Admissions Plan）

申请人若参加滚动式申请录取计划时，其申请程序与正常申请录取计划相同。只是在滚动式录取计划中，有些大学并不规定申请截止日期和录取通知日期。一般情况下，大学在收到申请表后四至八周之内，就会通知申请人是否被录取。大学连续不断地收到申请并持续地向申请人发出录取与否的通知，直到招生满员为止，因此称之为“滚动式录取”。但也有些学校规定了申请截止期，无论申请人采用何种申请计划，申请截止期后收到的申请都不予以考虑。有些大学在每年开始招生之际就采用滚动式录取计划招生；而有些大学则规定，在本校正常录取截止期过后，若新生位置还有空缺才采用滚动式录取计划招生。但无论大学如何运做，对于提早申请滚动式录取计划并被录取的学生，知道自己至少有一所大学可去读书而能减轻整个申请过程的压力；对于那些由于某种原因而迟交大学申请的学生而言，滚动式录取计划将可能给他们带来一些转机，只是在申请前要与学校核实其是否还接受新生。所以申请滚动式录取计划的原则是，申请越早，被录取的可能性越高；申请越晚，被录取和获取经济资助的可能性越低。

对于那些高考失利或没有被自己喜欢大学录取的中国学生，或是高考后才有精力试着申请美国大学而想做多种选择的中国学生来说，这些不设最后申请截止期的学校没准可以是他们的选择之一。

并不是所有大学都提供滚动式录取计划，一般美国规模较大的州立大学常采用的这种录取计划，并在学校招生简章中予以说明。在美国目前大约有两百多所大学采用该计划，这些学校中也有很不错的大学，如 Pennsylvania State University - University Park、University of Pittsburgh、Rutgers, the State University of New Jersey - New Brunswick 等等。有些学校虽采用滚动式录取计划，但若申请某些专业时确是有截止期的，申请时请查阅学校网址得以确认。

申请人若准备申请这些提供滚动式录取计划的大学，在申请之前应向学校问明几个问题：

1、何时是最早的申请日期，是否有申请截止期？因为许多学校采取先来先服务的政策（first-come，first-served basis），申请递交早的学生若被录取，可在申请资助，选择宿舍和某些课程方面都可优先。因此，越早申请越有优势。

2、申请递交后多久申请人可得到是否被录取的通知？若想申请资助，是在递交申请表时申请还是得到录取通知后再申请？

3、何时是申请人在得到被录取通知后的回复截止日期？了解这点很重要，有些采取滚动式录取计划的大学，非常大度地允许申请人无论多早得到该大学的录取通知书，都可以先不回复。继续等待自己已申请的其他正常申请录取计划大学的录取通知书，以便收到后加以比较作出决定，在正常申请录取计划规定的 5 月 1 日前给予本大学是否前往的回复即可（这与某些大学提供的"提前行动录取计划"相似）。而有些大学则没那么善解人意，要求申请人在收到采取滚动式录取计划大学的录取通知后，必须在几个星期之内（一般都在收到其他录取通知书之前，即 4 月之前），就一定要回复大学自己的决定，不给你机会将此校与他校相比较而选择，或将此校视为你申请学校名单中的保底学校。要想来就早回复，不来也要早说明以便学校将位置转给他人。在这种情况下，为了能有机会进行选择比较（若大学费用不是主要问题时），应考虑适当推迟"滚动式录取计划"的申请日期，以使"申请滚动录取计划学校的回复决定期"与其他"申请正常录取计划学校的回复决定期"（一般为 4 月初至 4 月 30 日）相吻合。

四、开放式申请录取学生的大学（Open Admissions or Open Enrollment）

美国有录取率低的学校（录取率 6%）就相对会有录取率高的学校（录取率 100%）。对于采用开放式录取计划的大学，从申请时间和程序上来讲，有的采用正常申请录取计划，有的采用滚动式申请录取计划，这些大学的主要特点是录取率很高，甚至高达 100%，只要申请人符合他们的最低录取标准就会被录取。有些大学无论申请人高中成绩多少，也不要求 SAT 之类的考试成绩，只要申请人持有高中毕业证书（High School Diploma）或普通教育发展证书（General Educational Development Certificate, 简称 GED），即可被录取；或有些大学则可能有些很低的要求，如申请人的高中 GPA 或 SAT/ACT 考试成绩达到了该大学的录取线（通常都不高），即可保证被录取（Guaranteed Admission），基本上是来者不拒。

需要提醒的是，尽管这些学校录取时不要求申请人的 SAT/ACT 成绩，申请就被录取，但不意味没有考试。有些采取开放式录取政策的大学要求被录取的学生要参加一些入学考试（Placement Tests），考试的目的是考察学生的实际水平，并用考试成绩来决定学生适合选修哪种难度的课程。学校虽然录取了学生，但不保证你有资格开学就能选修较高难度的课程。

另外不要以为这种申请就被录取的学校随时可递交申请，申请还是有截止期的。

这些学校虽然也有正规办学资质，但不用想当然也是那种不具竞争力或曰竞争力不强的大学，学校的教学水平和毕业生的质量也会有质疑。大部分是两年制的社区学院，也有少量的四年制的本科正规大学。人各有志路不相同，也许会有些人就不愿意花那么多时间和精力去准备考试而愿意去那些无录取压力的学校碰碰运气；也许有人就是运气不佳，虽申请的都是极具竞争性的大学，但今年恰恰没有被一所申请的大学录取，又不想休学再战明年的申请，也想来这里屡屡思绪；也许此类学校能给那些自身竞争力不高，高中成绩不好，但也想接受大学教育的学生一片空间，为将来走入社会打些基础。总之，不要以为这类学校没人申请，这也许是某些学生的选择。但对于那些花钱费力千里迢迢从中国来美念书的留学生，除非你有什么原因或想法，笔者并不建议申请这些可能会性价比不高的学校。之所以列在这里介绍是因为这些学校的存在。

下面列出 10 所在《美国新闻和世界报道》中列出，录取率为 100% 的美国大学供参考。（Highest Acceptance Rates）

School	Fall 2012 acceptance rate
Academy of Art University San Francisco, CA	100.0%
Baker College of Flint Flint, MI	100.0%
Boston Architectural College Boston, MA	100.0%
Chancellor University Cleveland, OH	100.0%
College of Saints John Fisher & Thomas More Fort Worth, TX	100.0%
CUNY–College of Staten Island Staten Island, NY	100.0%
CUNY–Medgar Evers College Brooklyn, NY	100.0%
Daytona State College Daytona Beach, FL	100.0%
Everglades University Boca Raton, FL	100.0%
Fisk University Nashville, TN	100.0%

From http://premium.usnews.com/best-colleges/rankings

第三节　提前申请美国大学

在本章第一节中曾提到申请美国大学有三种申请录取计划，其主要区别在于申请人递交申请表的截止日期，大学对申请人被录取与否的通知日期，以及大学要求被录取学生回复决定的日期各不相同。本章将重点讲解这三种计划中的“提前申请录取计划”。

美国许多大学除了向申请人提供“正常申请录取”（Regular Decision，以下简称 RD）的计划外，还提供“提前申请，提前录取”（Early Apply，Early Admission）的计划。提前申请又分为“提前决定”和“提前行动”两种计划。

“提前”是相对于“正常”而言，将申请大学与被大学录取的时间过程提前一个时期。申请人如果想选择提前申请过程，就必须早在高中十二年级的 11 月中旬之前提出申请，并且一般在 12 月中旬至 12 月底就可以得到是否被大学录取的回复。这与正常申请过程，即 12 月底为递交申请表截止日期，第二年 4 月初才得到大学回复相比，整个申请过程提前了大约三个多月。对于中国学生而言，若在充分了解了提前申请过程的要求后能向美国大学递交提前申请，并被提前录取，则会有更充裕的时间来调整安排自己的求学计划，如考虑提前办理赴美签证，是否参加国内高考等事宜。

下面进行些解释，并将一些学校的特殊要求列出来供参考。

一、两种提前申请大学计划的含义

1、提前决定申请计划——具有约束力的申请计划：

提前决定申请计划按申请时间不同分为两种：提前决定申请计划和提前决定申请计划 2。

1）提前决定申请计划（Early Decision，简称 ED，若本校提供两个提前决定计划，那申请时间在前的计划又称 ED1）

在选择申请大学的 ED 计划时，学校与申请人之间有约定，即申请人只能选择一所学校进行提前申请，申请其他学校必须选择正常的申请程序。申请人如果选择某校的 ED 申请计划并被录取，则必须前往，即使被其他大学的正常申请程序录取了，也不能接受。所以 ED 计划又被称之为“约束计划”（Binding Plan），或曰被绑定计划。在这个问题上决不能抱有侥幸心理而申请多所学校的 ED。一旦被发现，属于欺骗行为，被其他学校的录取将直接受影响，后果非常严重。据说许多私立大学之间交换他们已录取 ED 计划的申请人名单，当某校收到其他学校已录取的 ED 名单后，立即查询自己学校的申请人数据库里是否有其人，若有则将其从本校申请人名单中除名，可以为录取其他学生留出空位。

目前提供 ED 计划而排名靠前的大学举例（所有举例今后还可能有变化，申请时请查询确认）：

- University of Penn
- Brown University
- Columbia University
- Cornell University
- Dartmouth College
- Johns Hopkins
- Carnegie Mellon University
- Northwestern University
- Duke University
- Amherst College
- Williams College
- Wellesley College 等等

2）提前决定申请计划 2（Early Decision 2，简称 ED2）

近几年，有些大学不但提供 ED1 计划，还在本大学 ED1 计划结束后继续向申请人提供 ED2 申请计划，ED2 的申请程序及对学生被录取后的约束条件与 ED1 申请计划一样，只是申请与录取时间上再向后延迟一段时间。一般情况下 ED2 和 RD 计划的申请截止期相同或相近，但大学对申请人被录取与否的通知日期将提前至二月中至三月初（RD 的通知日期为四月初）。大学这样安排很有点意思，增加 ED2 申请计划的主要目的是要再提高学校的实际入学率（Yields，仅有 ED1 还觉得

哥伦比亚大学（Columbia University）的圣保罗教堂历史悠久，门口廊柱顶部刻着拉丁字母“PRO ECCLESIA DEI”，意为上帝的教堂。走在校园里，各种文艺复兴式建筑的教学楼、图书馆、雕塑像、古典和抽象派的绘画，处处古风犹存，艺术气息扑面而来。

不够）。虽然 ED2 和 RD 的申请截止期相同或相近，大学招生人员会先浏览那些采用 ED2 计划申请人的表格，因为大学知道这部分人是想来且录取后必来这所学校念书的学生，所以愈会受到招生人员的青睐，相比采用 RD 计划的学生而言更有可能被录取之。

目前提供 ED1 和 ED2 计划而排名靠前的大学如下：

- Emory University
- Pomona College
- Swarthmore College
- Wesleyan University
- Colgate University
- Middlebury college
- Harvey Mudd College
- Tufts University 等等

塔夫斯大学（Tufts University）是大波士顿地区一所很有名气的研究型私立大学，其弗莱彻法律和外交学院是美国古老和富有盛名的国际关系研究生院之一。校园里绿草茵茵，大树成荫，环境优雅，景色怡然。

2、提前行动申请计划（Early Action）

提前行动申请计划按申请受限制与否也分两种：不受限制提前行动计划与受限制提前行动计划

1）不受限制提前行动申请计划（Non Restrictive Early Action Plan, 又称 Non Binding Early Action，简称 EA）

申请EA与申请ED在申请程序和时间上基本一样，可以提前申请大学，不同的是，该申请计划学校与申请人之间没有约定，如果申请人被学校的EA计划录取，你不必非得上那所学校读书，即不受计划约束而可以继续等待其他正常申请学校的申请回复。在第二年4月份接到其他学校的录取通知后，再作比较而决定去那所大学读书。目前提供EA计划而排名靠前的大学举例：

- Cal-Tech University
- MIT
- University of Chicago
- Georgetown University（有其他限制）
- Note Dame University
- University of North Carolina-Chapel Hill，等等

2）受限制提前行动申请计划（Restrictive Early Action Plan，简称 REA），有的学校又称其为“唯一选择的提前行动申请录取计划（Single-Choice Early Action，简称 SCEA）”。REA 申请计划规定，申请人只能申请一所学校的 REA 计划，申请人被录取后可以选择不去这所学校念书。

美国的四所顶尖大学采用此种申请计划，受限制内容差不多，但计划名称略有不同。耶鲁、哈佛和普林斯顿大学称其为“唯一选择的提前行动申请录取计划（SCEA）”，而斯坦福大学则称其为“受限制的提前行动申请录取计划（REA）”。

现将斯坦福大学对申请 REA 计划的限制规定列在下面供参考：申请人若申请该校的 REA 计划，将不能同时申请任何其他私立学校的 EA, ED 和 REA/SCEA 这类提前申请计划，但可以申请其他学校的 RD 计划，但以下几种情况例外：

- 可申请任何学校不受约束（Non-Binding）并提前截止的奖学金或特殊学术项目，（The student may apply to any college/university with early deadlines for scholarships or special academic programs as long as the decision is non-binding）.
- 可申请任何公立学校不受约束（Non-Binding）的提前申请计划，（The student may apply to any public college/university with a non-binding early

乔治敦大学（Georgetown University）是美国最古老的综合性私立大学之一。由于地处美国首都华盛顿特区，因而赋予了该大学浓厚的政治和国际色彩，许多美国政商界人物都曾在这里念书，该大学的外交事务学院在全美同类院校中声誉斐然。校园内的著名建筑 Healy Hall 以其典型的罗马式复兴风格被收录在美国国家史迹名录册中。

application option）.

· 可申请任何学校不受约束（Non-Binding）的滚动式申请计划（The student may apply to any college/university with a non-binding rolling admission process）.

· 可申请任何外国学校的任何申请计划（The student may apply to any foreign college/university on any application schedule）。

而哈佛和耶鲁大学，除了与上述斯坦福大学的规定相同外，还有少些不同点：

· 耶鲁大学对同时申请外国学校的规定：可申请任何外国学校不受约束的任何申请计划（You may apply to any international institution, as long as the decision is nonbinding）

· 哈佛和耶鲁大学都同意申请人在接到大学对其提前申请的回复后（大约在 12 月 15 日左右），可再申请其他学校的任何申请计划，包括受约束的 ED2 计划。但若申请人被 ED2 计划录取，则要从你申请学校的 SCEA 计划中退出。因为他校的

ED2 计划是约束计划，申请被录取后一定要去。（哈佛大学的规定原文：You may not apply simultaneously to Harvard's Early Action program and another college's Early Decision program. However, after you receive notification from Harvard's Early Action program （around December 15）, you are free to apply to any institution under any plan, including binding programs such as Early Decision II）。

每所学校的规定相同或相近，申请时请仔细核实。SCEA 申请计划是在 ED 和 EA 之间的一个计划，不像 ED 限制那么严格，又不像 EA 给申请人那么多的自由，SCEA 有限制又有自由，从学校和学生两个角度来看都比较合情合理些。

以几所学校的申请时间表为例，对比提前申请的截止期（摘自各校网站）

申请计划（Application Plan）	申请截止期（Application Deadline）	大学回复申请人日期（Decision Notification）	申请人回复期和预定金支付截止期（Candidate's reply date & Deposit Deadline）
艾莫瑞大学 Emory University			
ED1	11 月 1 日	12 月 15 日	1 月 15 日
ED 2	11 月 15 日	2 月 15 日	5 月 1 日
RD	1 月 15 日	4 月 1 日	5 月 1 日
波莫那学院 Pomona College			
ED1	11 月 15 日	12 月 15 日	1 月 1 日
ED 2	1 月 1 日	2 月 15 日	3 月 1 日
RD	1 月 1 日	4 月 5 日	5 月 1 日
普林斯顿大学 Princeton University			
SCEA	11 月 1 日	12 月中旬	5 月 1 日
RD	1 月 1 日	3 月 27 日	5 月 1 日

二、大学对申请人“提前申请”的回复和申请人对大学的回复

1. 提前申请被录取

1）申请大学的 EA 计划（包括 REA 或 SCEA 计划）被录取的学生最开心，你可自主选择接受或拒绝，此时的主动权掌握在申请人手中。

2）申请大学的 ED 计划（包括 ED2 计划）被录取的学生没有选择，必须去在该

计划下录取你的学校，因为你当初申请时同意与学校间的约定，并应立即通知你已经通过 RD 计划申请的学校撤出申请，让学校腾出空位接受其他申请人。只有一种情况下被 ED 计划录取的申请人可与学校商定解除约定而不去该校念书，即由于申请人上大学的资金不足，在申请 ED 计划的同时申请了学校的资助，而录取你的学校没有提供或提供的资助不能满足你的“上学需求”，你也许可以向通过 ED 录取你的学校提出不去，并通过学校的审核而解除约定。

2. 申请大学的 ED1、EA 或 SCEA 计划而没有被录取的情况有两种：

1）若被大学拒绝录取（Denied），申请人就不能继续申请该校当年的 ED2 和正常录取计划（RD）。但可继续申请其他学校的 ED2（若申请截止期还没到）。因有些学校的 ED2 计划截止期较晚，例如上表所示的波莫那学院的 ED2 申请截止期是 1 月 1 日，而艾莫瑞大学对申请 ED1 学生的回复期是 12 月 15 日，若申请人收到了艾莫瑞大学的拒绝信而波莫那学院也是你钟情的学校之一，那就先别在那里悲观沮丧地浪费时间，继续工作赶在 1 月 1 日之前申请波莫那学院的 ED2 计划吧。有些学生就是在申请首选学校 ED1 计划被拒绝后用此申请方法来增加自己进入第二选择学校的机会。申请人可上网查询一下哪些自己喜欢的学校能提供 ED2 计划，且申请截止期较晚，努力一下为自己争取更多的机会。

2）被大学延迟（Deferred）决定是否录取，即大学亦没有录取你，亦没有拒绝你，而是暂缓考虑你的入学申请。提前申请而被大学延迟决定，一般有两种含义：

· 延迟决定就是延迟拒绝，即本大学提前录取的名额已满，基本上已决定不予录取你了，但你又如此优秀，马上告诉你被拒绝的结果实在有些于心不忍，则先礼节性地延缓，到明年春季再告知被拒绝的结果。

· 申请人确实优秀，然而由于各种原因，大学虽然没有马上录取你，但又不忍心放弃，于是将你的材料与其他正常申请学生的材料放在一起，到第二年 3 月份左右，再比较一番而决定录取与否。在这种情况下你还是有希望的，不要懒惰，赶快再寄一些能让学校进一步了解你的新资料去（如果有），以增加被录取的机会。但申请人的被延迟决定到底是礼节性地延迟还是实际性地延迟，大学不会告知。申请人除了遐想一番外，再主动寄些自己的新资料给学校则有利无弊。

申请了 ED 计划而最终在来年 4 月被大学延迟录取的申请人，其先前与学校的约定 – 即你如果被学校提前录取就必须去这所大学读书的约定，也随之失效，你也可以选择不去这所学校念书。若申请人在 12 月中旬被告知自己的提前申请被大学延迟到来年 4 月才能知道录取与否，而自己觉得最终被该校录取的可能性不大，不愿意等到

4 月才知道结果，也可如前所述，申请其他学校的 ED2 计划去碰碰运气。

三、提前申请大学的好处与不足

1、提前申请对大学的好处

这里谈的是那些录取率低的顶尖大学，那些为了招揽学生，将学校的提前录取率提高，有的甚至高达 80%~90%， 似乎只要申请人提前申请就被录取的学校，不在讨论范围之列。

1）因为每年申请美国顶尖大学的学生太多，大部分申请人都是一表多投，看看哪所顶尖大学会伯乐相马地选中自己。“提前决定申请”可帮助顶尖大学从众多的申请人中挑选出他们希望招收的好学生。因为普遍认为，在敢于选择“提前决定”的申请人群体中，优秀学生的比例比“正常申请”的要高。而且大学知道这些申请人是真正渴望进入这所大学念书的，申请人以提前申请的方式来表明这是他们的第一选择。而与那些对本校不是第一选择，甚至即使进入了这所大学，还一心想转到其他学校的学生相比，大学非常愿意招收到这些渴望进入本大学读书的学生。去自己喜欢的学校念书是件快乐的事，会激发学生的积极性和创造力，愿意全力支持学校并为学校作出自己的贡献。大学如果能招收到这样一批学生，那校园的气氛则会大不相同。大学以“提前决定申请”的方式，较主动地控制未来新生群体的学生质量。

2）因为有“提请决定申请”ED 的约定，由本校提前决定录取的学生一定会来。这样帮助学校增加它的“实际入学率”（Yields，即最终来此校报道的人数与被该校录取学生总数的百分比）。这是一个很重要的数字，它在某种程度上反映了学校的信誉。

与“提前决定（ED）”相比，“提前行动（EA）”并没有给大学带来上述的这些好处。

2、提前申请对申请人的好处

1）提前申请可能会增加进入好大学的机会，但这是个有争议的话题。在过去的十几年里，美国顶尖大学录取新生群体中，提前录取新生的比例越来越高。提前申请的录取率甚至高于正常申请的录取率。各种媒体也撰文探讨提前申请可能会增加学生进入顶尖大学的机会。所以近年来高中毕业生为了能增加进入自己理想大学的机会，许多人在申请过程之初，都在互相探讨申请哪所大学的提前申请，其录取几率更大。“如果你在找一种途径，能增加你进入长青藤盟校的机会，那就考虑提前申请计划吧”。这句话曾使美国各顶尖大学的“提前申请”人数激增，甚至有研究声称，“提前申请”如同为申请人增加 SAT 考试成绩 100 分的优势。但就实际情况而言，“提前申请”是否真能增加学生进入好大学的机会，不能从个例或简单分析历史数据而定论。

虽然有大量的报道和资料显示提前申请可增加进入好大学的几率，但布朗大学（Brown University）却明确表示事情并不如此："请不要假定申请 ED 计划就会增加你进入本校的机会。申请人无论申请 ED 计划还是 RD 计划，招生录取委员会都会做出相同的录取决定。我们的 ED 计划是给那些做好准备确定来我校读书并期望早得到消息的学生一个机会。（Please do not assume that your admission chances are improved by applying under the Early Decision plan. The Board of Admission makes the same decisions under Early Decision that it would under the Regular Decision plan. We offer Early Decision as an opportunity for students who are ready to commit and would like early notification of their admission status. www.brown.edu）。

乔治城大学（Georgetown University）也如是说："我校的 EA 计划是为优秀学生在高中最后一年提早进入申请程序而设计的。招生委员会认为那些在 EA 计划下录取的学生在 RD 计划中也会录取。所有在 EA 计划中未录取的申请人将会延迟至春季再审核。没有统计数据显示申请 EA 计划会有优势，我校的 EA 和 RD 计划的录取率基本相同。从 EA 计划延迟至春季再审核的申请人中，大约有 15% 最终被录取"。（The Early Action program is designed to enable superior students to learn of their admission early in their senior year. Students offered admission under the Early Action program are those the Committee on Admissions feels confident would be admitted at Regular Decision.All candidates not accepted under the Early Action program are deferred to the spring review. There is no statistical advantage in applying Early Action, as both our Early Action and Regular Decision pools will have roughly the same acceptance rate. Typically, about 15 percent of the candidates deferred from Early Action are successful during the spring review. uadmissions.georgetown.edu）。

所以许多申请人在提前申请时，都顾虑重重，认为敢于提前申请的学生们，应大都是学业优秀各方面表现突出的学生，不知自己是否有足够的实力与他们竞争。但实际申请的情况会是每年不同很难预测，某年的提前申请学生群体中强手如云，而下一年的学生群体则可能是能力平分秋色，学业处于中间水平的学生数量居多。许多学业优秀的好学生是如此地自信，觉得自身的条件符合被好大学录取的标准，无论是"提前申请"还是"正常申请"，应都能被录取。所以他们不必提前申请，他们大多数都同时申请好几所常青藤盟校和美国顶尖大学，看最终那几所学校能录取他们，或能提供奖学金，然后从中挑选一所最心仪的学校。他们不愿意提前申请而把自己约束在某一所大学上。所以近几年，好几所顶尖大学都将本校的提前申请计划由 ED 或 EA 改成 REA 申请计划，吸引优秀学生来申请。即给他们有一定限制的提前申请，又赋予学生最终选校的自由。而水平较低的学生自信心又不够，觉得提前申请了也没有机会进入，不如从从容容地进行正常申请。能被顶尖大学录取是运气，不被录取也是预料之中，最起码是做过尝试而不后悔。至于那些学业中等，处在被顶尖大学录取与不被录取边缘的学生，到是应该认真分析一下自己的情况，是否真正具有一定实力去“提前申请”。也许提前申请会得到前面所说的优势，但也有可能将自己置身于更激烈的竞争环境之中而处于弱势，而在正常申请的人群中自己也是强手而说不准。在对自己的实力没有把握的情况下，笔者倒是很欣赏一句给自己提气的乡村俗语，叫“有枣没枣先打一杆子”。试试吧，心态好些，没准好运就被撞上了呢。

下表给出一些美国顶尖大学在 2013 年度提前申请与正常申请的录取率对比供参考：

学校名称	提前申请的录取率（From NY Time）www.nytimes.com/interactive	正常申请的录取率（From U.S.News,2014 edition）
普林斯顿大学（Princeton University）	18.29%	8%
西北大学（Northwestern University）	33.23%	15%
达特茅斯学院（Dartmouth）	29.48%	10%
约翰霍普金斯大学（Johns Hopkins University）	36.55%	18%
布朗大学（Brown）	18.54%	10%
康乃尔大学（Cornell）	29.5%	17%
斯坦福大学（Stanford University）	14.36%	7%
杜克大学（Duke）	29.65%	13%

虽然有些人认为这种比对参考意义不大，但还是列出来见仁见智吧。

2）其次，如果申请人“申请提前”，又被“提前录取”，那高中十二年级余下的时光，真是轻松愉快。你不用为申请其他大学准备资料而操心了，不用心焦地等到第二年的 4 月份，才知道自己去向如何。只管轻轻松松地念书，享受高中时代的最后时光。只是要记住高中最后成绩的好坏还是很重要，最好不要轻松过头而得意忘形，发生成绩下降太多而被已录取学校退回的情况。

四、对选择提前申请计划的建议

1. 申请人在选择 ED 申请计划时，必须反复衡量，确定这所学校是你真实的第一选择，是你心目中最理想的学校。如果你的选择一直在两、三所大学之间徘徊，不能确定哪一所最适合你，那就不要申请“提前决定”计划。

2. 如果费用问题是你选择学校的最主要考虑因素，最好不要选择 ED 计划。假定进行正常申请时，你有幸被几所学校同时录取，并都可以向你提供经济资助（Financial Aid），你可以在这些学校之间进行挑选，选择一所提供的经济资助数目最能满足你完成学业最基本需求的学校。而你若申请 ED 计划，一旦被学校提前录取，无论该校提供什么样的助学金计划，你都必须接受而别无选择。对那些需要学校提供助学金来完成学业的学生来说，助学金的多少尤为重要。例如，如果你的第一选择是哥伦比亚大学，但只有少量的奖学金，而你的第二选择为宾州州立大学，可提供全额奖学金，你就不应该申请哥伦比亚大学的 ED 计划，否则就不能根据奖学金的多少来选择学校。

3. 选择申请 ED 计划的学校时，不要把目标定得太高，不要选择那种不太可能录取你的学校。如果目标定得太高，又不被录取，就会失去一次机会。同样，也不要把目标定得太低，虽然目标定得低，极有可能被提前录取，那你又会因没有尝试去申请心目中理想学校而感到遗憾，甚至被其它理想学校在正常申请计划中录取了也不能去，很可惜。故应将自己正确定位，选择那种比较适合你，有可能被该校提前录取，但又没有太大把握，有一定难度的学校进行提前申请，尽可能利用这个机会拼搏一下。

4. 在进行提前申请时，要全力以赴，因为这是你的第一选择。但不能将全部希望和精力都放在这里而忽略了正常申请其他学校的准备工作。要作好提前申请没有被

与东部大学传统的红砖青瓦新英格兰式建筑风格不同，斯坦福大学（Stanford University）校园内土黄色石墙环绕红层顶的西班牙风格教堂式建筑，拱廊相接，棕榈成行，在古典与现代的交映中充满了浓浓的文化和学术气息。加州的宜人气候和灿烂阳光，让这所西部名校更显生机勃勃。

录取的心理准备，不要等到收到提前申请的拒绝信或延迟信后，才考虑准备进行其他学校的正常申请程序，那就太晚了。

美国大学的提前申请计划因为某些问题定义模糊，是个很容易让人产生迷惑的申请政策。有时不同的学校用相似的词语解释完全不同的意思，更让人迷惑了。所以对申请人来说，最重要的事情是他们要确认完全明白他们所申请学校的提前申请计划规定。

哈佛，耶鲁，普林斯顿和斯坦福四所大学所采用的提前申请 SCEA/REA 计划阐述的很明确，申请人若申请该校的 REA 计划，将不能同时申请任何其他私立学校的 EA, ED 和 REA/SCEA 这类提前申请计划，但可以申请其他学校的 RD 计划，几种例外情况也罗列的清楚。然而对其他采用常规 ED 或 EA 的学校则不然，所以很多申请人在考虑提前申请时，都会有些问题：如能否同时申请不同学校的 ED 和 EA？或能否同时申请多个学校的 EA？

一般情况下，大多数 ED 学校允许学生申请他校的 EA 计划，而 EA 学校也允许学生申请他校的 ED 计划（但有例外）或 EA 计划。从理论上讲同时申请 A 校 ED 和 B 校 EA 计划是没有冲突的，因为 B 校的 EA 计划是不受约束的，并不影响申请人与 A 校的约定。申请人若同时被 A 校的 ED 和 B 校的 EA 录取，你只能按约定放弃 B 校的 EA 录取而来 A 校念书，即使你放弃了 B 校的 EA 也不会受罚，因为 B 校的 EA 计划对申请人没有约束。College Board 对此并没有置评，实际情况要看每个大学的具体要求。

也许采用 ED 计划的 A 校并不在乎学生申请 B 校的 EA 计划，只要不申请其他学校的 ED 受约束申请计划就没有违反与本校的约定。例如布朗大学的提前申请是 ED 计划并如此规定：我们要求申请我校 ED 计划的申请人不能申请其他学校的 ED 计划或 SCEA 计划。如果你被我校的 ED 计划录取，你将要从其他学校的申请中撤出，包括 RD 计划、滚动式计划和 EA 计划（We ask that you not submit an application to another Early Decision plan, or a single-choice Early Action plan. If you are admitted under our Early Decision plan you will need to withdraw all pending applications—including those you may have already submitted to Regular, Rolling, or （open） Early Action programs. www.brown.edu）。布朗大学虽没明确说明申请人在申请本校 ED 时可同时申请他校的 EA 计划，但却强调申请人被本校 ED 录取后要撤出其他 EA 的申请，表明了他们也许并不理会申请本校的学生是否申请他校 EA 计划，只要遵守与本校的 ED 约定计划就行了。

然而，采用EA计划的学校可能会在乎申请本校的学生同时申请他校的ED计划。例如乔治城大学的提前申请是EA计划并如此规定："申请我校EA计划的申请人不能申请其他学校任何的约束计划，因为如果申请人被他校约束计划录取后将不能自主选择乔治城大学EA计划的录取。申请人在申请本校的EA计划的同时可以申请他校的EA或RD计划。"乔治城大学还建议想申请多所EA计划的学生要多了解你所申请学校的规定，不是所有采用EA的学校都允许申请人同时申请多所学校的EA计划。（In keeping with this principle, students applying under the Early Action program may not apply to any binding Early Decision programs since they then would not be free to choose Georgetown if admitted. Students are welcome to apply to other Early Action programs or other Regular Decision programs while at the same time applying to Georgetown's Early Action program...Please be sure to research the guidelines of all schools to which you are applying; not all Early Action programs will allow multiple Early Action applications. http://uadmissions.georgetown.edu）。

乔治城大学对EA计划的规定明确并代表了某些采用EA计划学校的立场。但大部分采用EA计划的学校并没有如乔治城大学那样给出哪些可以哪些不行的明确规定。例如，MIT只明确规定本校的EA计划仅面对美国公民和永久居民，国际学生不能申请MIT的EA而只能申请RD计划，除此之外申请人愿意申请那里和申请什么计划都无任何限制。但也适时地提醒申请人，在申请本校的EA计划期间，MIT要求你遵守游戏规则，若你申请了他校SCEA之类的限制性申请计划，就请绅士些，不要申请MIT的EA计划（However: if you apply to another school during Early Action that does have a restriction, MIT requires that you respect those rules. So for example, if you apply to another school that is "single choice" - meaning that you can only apply there during the early period - you may not simultaneously apply to MIT. But that's just good manners. http://mitadmissions.org）。

虽然大学委员会没有明确规定，但以上所举各校对提前申请所做规定的例子应可概括大多数情况，所以，申请时请仔细阅读该校关于提前申请的规定。若还有不明，请直接询问你要申请的大学招生部门。

第四节　国际学生申请美国大学

录取外国留学生，是美国顶尖大学录取学生的一个重要方面。如前所述，大学希望自己的学生群体的多样化，其中来自世界各地不同国家和区域，不同种族的学生，也是使学校多样化的一个来源。美国学生在申请大学时，都尽量地表现自己的与众不同，自己的特殊性，以使自己与其他的申请人区别开来。而国际学生无论他（她）是从哪里来的，其本身的国际学生身份，就使他们具有独特性的一面。国际学生的价值之一就在于他们将给美国大学校园带来许多不同的新东西，如不同的文化背景、宗教信仰和生活方式等等，为本来就绚烂的美国大学校园生活更添几笔色彩。

一、国际学生

1. 国际学生的定义（International Students）

最准确的定义是持外国护照（非美国护照）的高中的学生，无论其是在美国国内还是国外念书都被称之为国际学生。至于持美国护照的美国公民在美国国外上高中，和虽持外国护照，但有美国绿卡的学生，这两种情况各校规定不统一。有的大学还是将其以美国国内学生看待，不能算作国际学生，但有的大学则将其视为国际学生。

2. 查找美国大学录取国际学生信息的一般程序

若想申请某个大学，首先要进入大学的网页，查 Admissions（新生录取）- Undergraduate Admission（本科生录取）- International Students（国际学生录取）。然后将这里的内容仔细阅读，这里给出的该大学对录取国际学生的全部要求。

二、美国顶尖大学录取国际学生

国际学生申请美国大学，一般来讲，在申请过程、时间安排、所需材料和学校的录取标准等方面都与美国本土学生大致一样。但也有以下几点不同，以下信息都是参考了各大学的网站内容，列在下面是想给那些不熟悉英文的同学和家长一个参考，知道想了解那些信息去哪里寻找。

1、美国顶尖大学对国际学生申请时的英语水平要求 ，各校规定均有不同（这些要求以后可能还会改变，申请时需要重新查询）

下面分几种情况举例说明：这些情况也许对别的学校不同，申请时要仔细核实：

1）普林斯顿大学要求，如果申请人所学习高中学校不是以英语作为教学语言，你就必须递交托福（TOEFL）和 SAT I 和 SAT II 考试成绩或 ACT 成绩。但若在过去的三年里你所在的中学是以英文为主要教学语言，你可免除递交托福考试成绩。

2）耶鲁大学要求：任何申请人的母语不是英语，并且在过去两年里，你所在的

康奈尔大学（Cornell University）是常青藤盟校中历史最短人数最多的学校。与东部许多贵族气息浓厚的名校相比，这是一所更显平民化的大学。在康奈尔大学的七所学院中有三所是公立院校，四所是私立院校，这种“一校两制”的独特系统，使其融合了公立与私立院校的优点，为不同需求的学生提供各种学习机会。

学校不是以英语为主要教学语言，则强烈建议你申请时递交托福或雅思（IELTS）考试成绩。还具体指明，由于中国大陆不设 SAT（ACT）的考试中心，可以对其申请人免除递交 SAT（ACT）考试成绩。但必须提供托福或雅思成绩，并在录取时对考试成绩有一定的要求（The minimum acceptable score）。

3）麻省理工学院（MIT）则善解地给国际学生两个选择：

· 与母语为英语的申请人一样，递交 SAT I 或 ACT 成绩和另外两门 SAT II 的成绩。其一为数学（数学 1 或数学 2 都可），其二为物理、化学和生物三科目中任选一科。

· 递交托福成绩和另外两门 SAT II 的成绩。其一为数学，其二为物理、化学和生物三科目中任选一科。此选项特别针对的是英文为非母语的学生。

MIT 对于 SAT（ACT）成绩没有分数规定，但对于托福成绩则有最低录取分数的规定，以保证被录取学生的英文程度能适应学校的学习和生活。

4）康奈尔大学虽然要求申请人递交 SAT（ACT）考试成绩，但也提出若申请人的 SAT（ACT）成绩，特别是阅读部分 （Critical Reading section） 超过 670 分，则可免除其托福或雅思的考试。

5）宾州、加州等州立大学同样要求申请人递交 SAT（ACT）成绩，但托福成绩的要求略低于顶尖私立大学。

总之，大多数美国大学要求国际学生必须递交托福考试成绩，对其他考试成绩各校要求不一。虽然有的大学并不要求递交 SAT 成绩， 但众多的中国大陆申请人都去参加 SAT 考试并递交成绩，你不递交，则有可能在申请时没有优势。

由此可见托福考试的成绩对于美国大学录取国际学生的重要性，并且对英语成绩的要求因校而异，申请人要看清学校要求。对英语为非母语的申请人来说，如果你的 SAT I 词汇部分的分数不够理想，你应该去考托福考试予以弥补。如果大学招生人员看到你的托福成绩很好，他们也许会忽略了你的 SAT I 较低的英文成绩。

以下列举了一些私立名校和顶尖公立学校近几年对托福成绩的最低要求供参考：

美国大学	对非母语学生英文考试成绩的最低要求			
	网考（Internet based test，满分 120 分）	机考（Computer based test，满分 300 分）	纸考（Paper based test， 满分 677 分）	雅思（International English Language Testing System）
耶鲁大学（Yale）	100	250	600	7.0
MIT	90 ~100		577 ~ 600	
康奈尔大学（Cornell University）	100		600	
宾州州立大学（Pennsylvania State University）	80		550	6.5
加州大学（University of California）	88 ~ 100		570 ~ 600	6.5 ~ 7.0

由于中国大陆境内不能提供对中国籍学生的 SAT 考试，所以有些美国大学在考虑中国学生的申请时，不要求其提供 SAT 成绩，可用其他成绩代替，当然，若有 SAT 成绩则自身竞争力更强。但那些申请美国名校的中国高中学生，不仅托福考试强手如林，为了在竞争中更胜一筹，还远赴中国周边地区，如香港新加坡等地参加 SAT 考试，并且还有参加了国内的 GRE（Graduate Record Examination），这种为美国本科生毕业后考研究生的考试，以 GRE 成绩来代替 SAT 成绩，以增加自己被录取为名校本科生的机会。况且近年来许多中国学生都可自掏腰包来支付这高昂的大学学费，所以去美国读个一般大学并非难事，但要进入好大学则竞争非常激烈。

2、高中成绩单和推荐信

除考试成绩外，国际学生还必须准备一份由学校开出正式的高中毕业成绩单，要经公证处翻译并公正，要有校长或学生顾问的亲笔签名以及学校的公章，复印件无效。推荐信若是由非英文书写，则必须译成英文并加以公证。

3、申请表格

大多数学校要求国际学生填写的申请表与美国国内学生的申请表略有不同。所以申请时，一定不要忘记申明你的国际学生身份，要填写“国际学生申请表格”（Application Forms for International Student）。

对于那些想去美国念大学的中国高中学生，从某些方面讲，申请美国大学之路，并不一定比参加全国统一高考而进入中国大学的路更艰难。只要申请人正确掌握了申请的信息与程序，在如此发达的信息时代，学生坐在家里就可以通过因特网完成申请美国大学的全过程。对于某些真正有能力的学生，也许可以采取两条路同时走的方法。从时间安排上来看，申请美国大学的日程安排与参加中国国内高考的复习准备并不在同一个时间段内。申请美国大学的工作可在高三年级的 9 月至 12 月底之间进行，而报考中国大学的全国统考复习准备可安排在来年的 1 月至 6 月之间。中国学生可在高中的最后一年，参考以上内容来安排自己的时间。一边申请美国大学，一边进行中国高考的考复习准备，在完成了所有的美国大学申请递交事宜之后，再进行国内的高考复习冲刺。最后到底去哪里念书，可以由是否被美国大学录取和被国内大学录取的情况来选择决定。而且美国大学发放录取通知书的日期一般是在高中十二年级（中国高三年级）的 4 月份，中国学生若能被自己想去念书的美国大学录取（并能在 6 月份之前获取了赴美签证），甚至可以考虑不参加 6 月份的中国高考，高考不再是进入大学的华山一条路。然而这是一件说着容易做起来很难的事情。学生这样做要从时间和精力上加倍地付出，即使有更多的付出，也要有接受不同结果的准备。最好的结果是有可能被自己心仪的美国大学和中国大学同时录取，幸运地任选其一；可也要做好最坏的打算，既没有被美国的好大学录取，国内的高考也不理想，哪头都没赶上。但无论怎样，在考虑上什么样的大学，学什么专业，在哪里接受高等教育这种人生转折关头，选择多一些总比选择少或别无选择要好。

CHAPTER 05

第五章 | 美国顶尖大学

前面简单介绍了美国大学的分类和排名，本章着重介绍一下美国顶尖大学，或称美国名校（Highly Selective Colleges or Top Schools）。美国的高等教育十分发达，高中生毕业之后进入大学似乎不是一件困难的事情。事实上进入一般大学念书确实不难，但进入美国顶尖大学念书却谈何容易，竞争十分激烈。如果说中国高中学生过去是在挤“大学独木桥”的话，那么美国部分高中学生（尤其是那些想去名校念书的学生）可谓是在挤“美国名校独木桥”。而且近些年大量国际学生的涌入，使这“名校独木桥”更是异常拥挤。那种交钱就可去，或100%录取率的美国大学，不在本章讨论之列。

那么让莘莘学子们梦寐以求，让美国父母们（尤其是亚裔）不惜一掷千金的美国顶尖大学到底是哪些学校？各种学术机构每年都按不同的标准对美国各大学作出严格评判。

第五章 美国顶尖大学

前面简单介绍了美国大学的分类和排名，本章着重介绍一下美国顶尖大学，或称美国名校（Highly Selective Colleges or Top Schools）。美国的高等教育十分发达，高中生毕业之后进入大学似乎不是一件困难的事情。事实上进入一般大学念书确实不难，但进入美国顶尖大学念书却谈何容易，竞争十分激烈。如果说中国高中学生过去是在挤“大学独木桥”的话，那么美国部分高中学生（尤其是那些想去名校念书的学生）可谓是在挤“美国名校独木桥”。而且近些年大量国际学生的涌入，使这“名校独木桥”更是异常拥挤。那种交钱就可去，或100%录取率的美国大学，不在本章讨论之列。

那么让莘莘学子们梦寐以求，让美国父母们（尤其是亚裔）不惜一掷千金的美国顶尖大学到底是哪些学校？各种学术机构每年都按不同的标准对美国各大学作出严格评判。

第一节 美国顶尖大学浅谈

一、美国顶尖大学简述

1、常青藤盟校

常青藤盟校当然是最负盛名的美国顶尖大学，由以下八所美国东北部的私立大学组成：

1）哈佛大学（Harvard University）

2）耶鲁大学（Yale University）

3）普林斯顿大学（Princeton University）

4）哥伦比亚大学（Columbia University）

5）布朗大学（Brown University）

6）达特茅斯学院（Dartmouth College）

7）宾夕法尼亚大学（The University of Pennsylvania）

8）康乃尔大学（Cornell University）

许多人原以为这八所学校联盟是出于学术上的原因，而它们被冠以“常青藤”（Ivies）的名字，是因为这些学校都是历史悠久的学校，校园建筑古朴端庄，一幢幢年代远久的红砖楼墙面上爬满了绿茵茵的常青藤，“常青藤盟校”即由此而得来。其实不然，这些学校最初结盟的原因与学术无关。20 世纪 30 年代初，学校之间按统一标准结成了体育联盟。由此得名沿用至今。即使现在，常青藤盟校之间的体育竞赛，还是校园中最激动人心的大事，校园里的赛事有时甚至使那些大牌教授们情绪激昂而失去往日的斯文。当然，除了由于体育项目结盟外，这些学校还有些其他的共同特性：如都是建校时间早的私立大学；都建在美国东北部；都从慷慨的校友那里获得巨额捐助和经济支援；都是收费很高且很难进入的大学，等等。

又因为这些学校确实都是美国的顶尖大学，“常青藤盟校”（Ivy League Schools）也就成为美国好大学的代名词了。这八所学校外加麻省理工学院（MIT），加州理工学院（California Institute of Technology）和斯坦福大学（Stanford University）被称之为“IVY+”或美国最佳私立名校。

2、新常青藤学校

近年来，有一些学校被某些评判机构称之为“新常青藤学校”。它们常常是优秀学生申请“常青藤盟校”时的候补之选。在许多美国学生的心目中，如果不能进入著名的常青藤盟校，这些学校就有可能成为首选。它们是：

1）杜克大学（Duke University）

2）乔治城大学（Georgetown University）

3）约翰·霍普斯金大学（Johns Hopkins University）

4）纽约大学（New York University）

5）西北大学（Northwestern University）

6）芝加哥大学（University of Chicago）

7）加州大学伯克利分校（University of California–Berkeley）

8）莱斯大学（Rice University）

9）诺特丹大学（University of Notre Dame）

10）艾末瑞大学（Emory University）

11）华盛顿圣路易斯大学（Washington University in St. Louis）等等

3、顶尖私立文理学院

还有一些以本科教育为主声誉极好的私立文理学院（Liberal Arts Colleges），但不被中国的学生熟悉。这些学校不仅教学质量堪称一流，校园风景也美丽如画，甚至令有些学生舍弃了闻名遐迩的哈佛、耶鲁的录取通知书而转而就之。如：

1）威廉姆斯学院（Williams College）
2）艾姆赫斯特学院（Amherst College）
3）斯沃斯摩尔学院（Swarthmore College）
4）卫斯理女子学院（Wellesley University）
5）卡尔顿学院（Carleton College）
6）鲍登学院（Bowdoin College）
7）波马那学院（Pomona College）
8）哈沃福德（Haverford College）
9）米德尔伯里学院（Middlebury College）
10）卫斯理安学院（Wesleyan University）等等

其中的四所文理学院：艾姆赫斯特学院、斯沃斯摩尔学院、威廉姆斯学院和卫斯理安学院，甚至被称之为“小常青藤盟校”（Little Ivies），虽然各校之间并无联盟。

威廉姆斯学院（Williams College）以大学本科教育为主的顶尖私立文理学院，其人文历史和理化科学等基础教学都堪称一流，学术声望极高。学校虽坐落在马萨诸塞州较偏远的乡村，但环境优美气氛温馨，师生关系密切，是那种小而优的学校。

4、顶尖公立大学

还有一些非常好的公立大学，亦被称之为"公立常青藤盟校"（The Public Ivies）。这些公立院校在办学和人才培养规模方面大大超过一流的私立大学，在许多专业学科上保持顶尖学术标准，可提供更宽的学科专业领域。公立大学的学费较之私立大学便宜很多，而且在收费上还对本州居民给予一定的优惠。对于那些经济上拮据、饱受学费困扰的学生来说，这些大学就是他们的首选了。如：

1）加州大学－伯克利分校（University of California，Berkeley）

2）加州大学－洛杉矶分校（University of California，Los Angeles）

3）加州大学－圣迭亚戈分校（University of California，San Diego）

4）密执根大学－安阿伯分校（University of Michigan-Ann Arbor）

5）北卡罗来那大学－教堂山分校（University of North Carolina-Chapel Hill）

6）威廉姆和玛利学院（College of William and Mary），

7）威斯康星大学－麦迪逊分校（University of Wisconsin-Madison）

8）伊利诺大学－阿本那－香槟分校（University of Illinois-Urbana-Champaign）

9）宾西法尼亚大学－派克大学（Pennsylvania State University，University Park）

10）得克萨斯大学－奥斯汀分校（University of Texas-Austin）

11）弗吉尼亚大学（University of Virginia）等等

根据评判机构 Barron's 的标准（Standards of Barron's Selector Ratings），全美 1650 所四年制的大学中，只有下面列出的五十几所大学可以被他们称之为最具竞争力的好大学或曰美国顶尖大学，列出供参考（The Most Competitive Colleges，or Top Schools）

Amherst College	Middlebury college
Bates College	New College of the University of South Florida
Boston College	Northwestern University
Bowdoin College	Pomona College
Brown University	Princeton University
California Institute of Technology	Rice University
Carnegie Mellon University	Stanford University
Claremont McKenna College	Swarthmore College
Colby College	Tufts University

Colgate University	United States Air Force Academy
College of the Holy Cross	United States Coast Guard Academy
College of William and Mary	United States Military Academy
Columbia University	United States Naval Academy
Cornell University	University of Chicago
Dartmouth College	University of Notre Dame
Davidson College	University of Pennsylvania
Duke University	University of Virginia
Georgetown University	Vassar College
Georgia Institute of Technology	Wake Forest University
Harvard University/ Harvard College	Washington and Lee University
Harvard University/ Radcliffe College	Webb Institute
Harvey Mudd College	Wellesley College
Haverford college	Wesleyan University
Johns Hopkins University	Williams College
Massachusetts Institute of Technology	Yale University

但无论按哪种方法评判，《美国新闻与世界报道》的大学排行榜中，排在综合大学前 50 名及文理学院前 20 名的大学都可以称之为美国的顶尖大学。

二、是否要上名牌大学

对于美国教育如此发达的国家，是否应该让学生在大学本科期间就上美国名牌大学，这是大家经常争论的话题之一，赞成者与持不同意见者各执一词。

1、不去名校的想法：

主要从以下几个方面考虑:

1）大部分反对者并不对名校的声誉持疑问，争论的主要焦点之一是名校的学费太贵，几乎是非名校的一倍。如果学生不能申请到大学经济资助，读名校则对学生的家庭带来沉重负担。即使能贷款上大学，也会使学生在刚走上生活道路时背负债务，这样做是否值得。许多人认为，大学本科以学习基础知识为主，名校本科的基础教学质量，并不一定比非名校好。有些综合排名中等的大学，其本科教学质量却非常不错。学生学到东西多少，很大程度上要看学生自己的才智与努力的程度。有些人对那种一味追求上名校的做法很不以为然，认为其功利心太重。这些名校毕业的学生，虽然事业成功者比比皆是，但默默无闻的也大有人在。上好大学也许能为你的人生之路开启一扇方便之门，但并不能保证你未来一路风顺。如果某学生虽有读名校的才学，但无付昂贵学费的经济实力，可先去一个声誉较好且学费便宜的州立大学，或二类大学读大学本科，这些大学获得奖学金（Merit Scholarship）的几率比名校大。大学本科毕业后，再去考取名校读研究生。而一般研究生都能拿到学校的奖学金，可自食其力，这样家庭的负担就会大大减轻。

2）如前所述，有些美国大学排名是按综合评分排定名次，即使排名在前的学校，也不是每个专业都是最好。若你想去的某大学虽综合排名较后，或并非名校，但你想学的专业却在业界里名列前茅；或那所大学的某个教授在其专业领域里做得非常出色，他所研究的课题正是你的兴趣所在，那你确实应以专业选择为主，而不要仅仅把自己择校标准单一锁定在学校的名气上。

3）每个人选择生活方式和对待生活的态度都各有所异，人生目标的设定也不尽相同。有人宁愿做大海里的小鱼，而不愿做湖泊池塘中的大鱼。而有人则宁当鸡头而不愿做凤尾。有些人非常希望在竞争激烈，学习压力大的顶尖私立大学里拚搏一番；

克拉克森大学（Clarkson University）是位于美国纽约上州一所历史悠久的研究型私立大学，也是美国最好的工程技术大学之一，科研实力雄厚。国家航空和宇宙航行局，高级材料研究中心等科研机构都在学校设置其分支机构。由于学校地处寒冷地带，冰球和滑雪是这里学生最喜欢的运动。

有些人虽聪明才智不差，也宁愿选择那些很好的州立大学，相对学习压力小些，念书既不太费力又能拿到好成绩，轻松愉快地度过这大学四年；对从名校出来可挣高薪，穿梭在华尔街头，投身于那种每天都日新月异，激烈动荡的生活不羡慕，而安心于自己的年薪虽少，乐得在远离尘嚣的秀丽小镇里清闲度日。在当今社会中，也有不少人以一种淡泊名利的平和心境而选择不申请美国名牌大学。

4）还有，对那些虽有心竞争，但才智水平一般的学生，非硬挤进名校门下，其各门功课都在及格线上徘徊，即使是勉强毕业，其四年的大学经历也是辛苦地不堪回首，那就劝其不要勉为其难而要量力而行。

2、想去名校的理由：

极力鼓励学生上名校的赞成者，主要从以下几个方面考虑：

1）学生可以从同学中学到许多课堂上学不到的东西

曾有研究机构调查哪些因素对大学在校学生的思想，行为及发展方向影响最大，其结果不是授课老师和授课内容，也不是所选专业，竟然是他们周围的同学！名校招生严，把关紧，招生者从众多申请者中精挑细选录取了一批非常聪明，才华横溢的高质量学生。近朱者赤，近墨者黑，如果你置身于这些无论在学业上还是才艺上都极具天分的同学之中，你会无形中受到影响（当然也会有压力），潜移默化地得到学到许多课堂上学不到的知识。同时为了能与这些天分高的同学们为伍，即使自己的天分不足，也会加紧鞭策自己去努力学习，以求与自己的朋友有共同语言。这是一种无形的学习动力，有时会激发出自己都感到惊讶的自身潜力。这种互动的学习气氛在名校非常浓厚，非名校则大为逊色。

2）名校的名牌效应

美国现有大学三千多所，种类繁多，教学水平良莠不一。虽然随着大学的增多，整个社会的教育水平提高，但大学文凭的含金量也随之下降。几十年前的一张大学文凭是大学生找到工作的基本保证。而如今手握大学文凭而找不到工作的人也不在少数。笔者朋友的孩子，在美上中学时曾回家对父母讲，上课时老师为了督促孩子们努力学习，是这样教导他们的：“你们若好好学习，将来进入康乃尔大学（Cornell University，美国常青藤盟校之一，距离该中学很近），毕业后可作律师、医生和工程师等；若贪玩不好好学习，将来只能进入 OCC 学院（该中学所在的某州某县的两年制社区学院），毕业出来只能去麦当劳扫地”！这种论调听起来与中国某乡村中学为鼓励该校学生好好念书而在校门口张贴的：“考上大学穿皮鞋，考不上大学穿草鞋！”

康奈尔大学（Cornell University）远离大城市而坐落在纽约上州的小镇 Ithaca。校园建在山顶上，念书时凭窗远眺，山脉层峦叠嶂，春翠秋霜冬雪皑皑，校园内更是风景绮丽，红砖尖顶的新英格兰式建筑，古堡式钟楼，秋天金黄暗红的落叶铺就整个校园，具有城市大学所没有的绝佳自然景色。

的标语口号真是如出一辙，是中国传统教育中“学而优则仕”理论转述的绝妙平民语言。

而提起名牌大学，许多人自然会联想到它的高报考率和低录取率，并假定或在理论上认定被录取的学生大部分一定优秀而不管你是否真正的优秀。名校的名字仿佛就是“优秀”和“杰出”的代名词。笔者的朋友曾在某日与同事们聊天儿，谈到孩子，某位同事无不自豪地说，自己的孩子在美国 XX 学校上大学。朋友听罢并未作出什么评论。其他同事见状，加重语气地又重复了一遍，“他的孩子在 XX 学校念书呢”。朋友回忆说：“那同事的语气和态度，明显地表达了一种潜台词，即我对提到如此著名的学校这样无动于衷，好像我很无知，不够水准；好像我必须睁大眼睛，显露出一种赞赏的表情，也加重语气地说：‘哦，XX 名校，真不错！’那样我才显得是个有点知识见解，重视教育的人呢。”名牌大学在人们心目中的位置可见一斑。

考取了名校，并在学校拼搏摔打了四年后得以毕业的学生，（美国的名校难进也难毕业，不好混）。不敢说个个出类拔萃，但好学生所占的比例却是一般大学不能相比的。所以名牌大学会被社会各界推崇，名校的毕业生们无论是继续报考研究生，还是开始找工作，还是后来换工作，都受到研究生院的招生人员、政府部门和各大公司的人事主管及各种社会团体决策人们的青睐。名牌大学是那样地深入人心，你只需在简历里写上所就读名校的名字，就足以使你在与其他人竞争中占到优势。若将学位视为敲门砖，那名声显赫的敲门砖就容易敲开大门。一句话，虽然名牌大学毕业生并非个个优秀，但他们的金字招牌却屡试不爽，令那些非名校毕业生自叹弗如。

然而，事物总是多方面的，这种名校效应的益处虽多多，但也是一种无形的压力。别以为顶着名校的光环社会就该认可你，就应该高官厚禄，就可以辉煌灿烂高枕无忧地过一辈子。你若不付出努力，天天自我感觉良好地以名校牌子自居，则没人会买你的帐，只会招来大部分人的白眼和不屑。读名校深造只是人生漫长路上一个比较不错的起点，若被笼罩在名校光环下倨傲，势必会被其名声所累。明白这一点，对向往上名校的学生来说非常重要。社会各界对名校毕业生的期望值很高，别人在工作中表现平平或懒散疏忽，似乎不足为怪。名校学生若是如此，你或多或少会从人们的目光中读出那种“徒有虚名”的含义来。名校的光环也会慢慢地褪去，直至黯淡无光。若无真才实学的本领和敬业精神，即使顶着名校的牌子，有时日子也不那么好过，荣誉有时也是负担。

3）社会关系的横向连接

学生从名校毕业后，就自动成为其学校“校友俱乐部”（CLUB）的成员。从美国社会传统的观念上讲，大学四年，并且住校的本科毕业生，仿佛才是正宗的校友。那些只上两三年就毕业的研究生，虽然从资格上讲作为校友没问题，但是在传统上还会被认为不正宗。美国社会上实业界与学术界对名校的认同角度有很大的不同。一般来讲，实业界对申请工作的人较重视其大学本科的学位和学校名气如何；而学术研究机构则更重视其所获得的最高学位和学校名气而不太在乎其大学本科是在哪里念的。

校友之间的互相帮助，仿佛是一种不成文的默契。你会觉得只凭学校的名字，仿佛一下子就多了许多朋友。你会意想不到地从社会各界人士中发现校友的存在。他们可能是教授、企业家、银行家、政客等等。师出同门的亲密感和认同感，让本不相识的人相互亲近，结成学脉之势的政治、经济团体也很常见。由于美国名校面向世界招生，它的国际性使你的校友以不同族裔的面孔或不同国籍的身份出现在你的面前，你会在世界各地找到他们的踪影。无论在欧洲，还是在美洲，甚至在非洲和亚洲，以及中国的北京及上海都有不少常青藤盟校和其他名校的校友俱乐部，这使校友们在社会上走的道路宽了许多。笔者认识的某MIT学生，就是通过与MIT校友网联系，由校友介绍，很快地找到了暑期工作。而这种帮助不仅只限于从本校的校友和同学中，如常青藤盟校都有各自的校友俱乐部，且这些校友俱乐部之间有着太多的相互联系。这种无形的社会关系网会让你受用终生。

4）社会地位的认同

美国著名文化批评家保罗·福塞尔（Paul Fussell）在他那本颇有争议的著作《格调》（*Class*）一书中写道："鉴于美国是个如此年轻的国家，根本没有一个世袭的等级和封爵制度，也不存在王室加封荣誉的传统，甚至连一条众人皆知的可以往上爬的社会阶梯也没有。因而同其他国家相比，美国人更依赖自己的大学体系，指望这个机构培养人们的势利观念，建立社会等级机制。在别的国家，人们不仅仅依赖大学来实现社会地位，还有其它的传统途径。而在美国，尤其是本世纪以来，具有高等院校这样的组织，可以成为实现所有最高荣誉的来源。或者说，受高等教育至少是实现地位与追求的最佳途径。"

保罗的这种观点，代表了相当一部分美国人对其大学体系与社会地位之关系的认同。对有些人而言，从师名校不仅是安身立命，改变贫境翻身向上的一种手段，也是将来平步青云取得一定身份和地位的一条途径。这是一种社会地位的承认，一种无言的共识。这种社会地位与大学之间的关系体现，细微具体到不仅仅在于你是否进入大学名校学习，甚至还要看你进入大学之前所读的中学预科学校是哪一所。保罗还这样评论："去读哈佛或耶鲁或普林斯顿已经不算什么，只有去读那些排外的寄宿制预科学校才真正算数……"除非一个人上过哈奇基斯（Hotchkiss）、戈罗顿（Groton）、黑尔（Hill）、圣保罗（St. Paul's）、安多维尔（Andover）、伊克塞特（Exeter），或者米尔顿（Milton）（均为美国收费极其昂贵的中学寄宿学校）等预科学校，不然一味拼命地往常青藤学校里钻的做法从社会角度来讲是一种浪费，因为他们还是取得不了上等人的地位"。

有人将这些收费昂贵的私立高中寄宿学校称之为长青藤盟校的输送学校（The feeder schools）。据说这些学校的学生顾问们都一直与美国各顶尖大学的招生人员保持着某种程度的联系，向他们推荐本校学生中的各类优秀学生（不敢说是最优秀的学生，因为此类私立高中也同样招生严格，能够进入这些学校念书的学生不仅要能付出昂贵的学费，还要学业优异，其竞争激烈的程度并不亚于申请进入长青藤盟校。所以大部分学生都很优秀，且各有千秋）。虽然这些学校的高中毕业生进入美国顶尖大学的比例很高。但从另一个角度来讲，这些就读于美国最好私立高中的学生，同学之间的彼此竞争则是影响他们进入顶尖大学的最不利因素。假定某私立学校的高中毕业生有 200 人，大部分都很优秀，都想去常青藤盟校之类的顶尖大学念书，也都基本符合录取标准。但常青藤盟校不可能将这些优秀学生照单全收，即使录取一半也是太高的比例了。剩下没被录取的学生，不是不够优秀，实在是被比他们更优秀或更有特点的同学比下去了。常青藤盟校们还要留出一定的名额，给那些如南达科达州、蒙达拿州等这些相对进入名校较少的所谓边远地区学生，有人将此称之为“区域配额”。虽然这些边远地区学校高中第一名的成绩可能要比安多维尔等私立高中第 50 名学生的成绩还要差，但他们所处的地域就是优势之一。据说也有人为了能增加子女进入名校的机会，在孩子高中阶段的后两年，主动申请到公司所属的偏远地区分公司去工作，并举家从大城市迁往偏远地区居住，使自己的孩子能在当地学生竞争力不太强的学校中崭露头角，名列前茅而能进入到名校招生人员的视线中，其用心可谓良苦。这与中国某些省市大学录取分数高的学子为了上好大学而转到录取分数相对较低的省市去念书的情形颇有几分相似，真是殊途同归。

即使进入了美国名校，第一代进入名校的人与几代人都毕业于此名校的名校世家相比，后者在地位上似乎更胜一筹。除了名校世家外，还有“单毕”（Solo Grads）与“通毕”（Tandem Grads）之说。如果你在某名校只取得了一个学位，无论是本科还是研究生，你都是“单毕”；如果你在某名校既读了本科生，又读了研究生，那你就是“通毕”。“通毕”所体现出的名门正宗，又使“单毕”与之相比而略见逊色。美国名校简直就是美式新生贵族的摇篮。

保罗还举例说：我曾听说过一个人，在名校获得一个学士学位、一个硕士学位和一个博士学位，就是为的日后人们简单的一句话：“他可是从耶鲁一路学出来的啊！”。毫无疑问，在美国，这句话的确能使人推崇备至。不管怎么说，被授予社会地位这件事，并非基于什么令人讨厌的差别标准，而是千百年来人类社会流传下来的硕果。”现在美国，由于教育体系发达，大学众多（三千多所），高中毕业生大多数都能上大学，这已没有什么值得关注的了。关键在于他们是被哪所大学录取了，是一流的名牌大学和学院，还是那种录取要求不高，基本是交钱就被录取的一般学校？这对学生日后发展，虽说不能起决定性的作用，但起码是至关重要的。

不仅如此，进入名校后，能否进入名校中的某个学生团体和学生俱乐部，有时也极为重要。据说某些名校的某些俱乐部，接收会员的标准很严格，若能被该俱乐部接纳的人，不仅在同学中其身份地位会提高，简直就是取得了将来进入美国上层社会的通行证。这种社会地位的认同，使得那些名校毕生们常常自视清高，恃才骄傲，自命不凡，被其同僚们嫉妒又实际地称之为鼻子冲天的一群人（Snobby）。

5）高工资

名校毕业学生的工资比一般学校的毕业生要高。这种差距在刚毕业时并不大，但会随时间的推移而增大（但也有人持相反的论点，认为工资差距刚毕业时较大，但会随时间的推移而减小）。这大概是许多人选择名牌大学最直接和最主要考虑的因素了。

以上几点要让学子进入美国名校念书的理由，对于有着千年文化传统，崇尚教育，信奉“万般皆下品，惟有读书高”的中国人来说，实在不是什么新理论。但对于美国这样历史短，没有世袭贵族封号的移民国家，美国人对其名校的崇敬近乎顶礼膜拜，可谓体现了一种现代版的对贵族地位的憧憬。那些大名鼎鼎的私立名校，其校园建筑精美，风景极其典雅秀丽。校园里处处绿草茵茵，奇花盛开，参天的古木浓荫遮日，古希腊庭柱式的大堂回廊青藤缠绕，铺满鹅卵石的小路曲径通幽，低旋的钟声从带有哥特式尖顶的钟楼里准点传出，在校园里回旋缭绕，常常给人一种时空回转的感觉。尤其是那些坐落在新英格兰小镇上的学校，秋季来临时，一幢幢古色古香的青、红砖房小楼掩映在绚丽多彩，如火如荼的枫林之中，美不胜收，随便拍一张照片都美得可入画，走在其中仿佛进入了欧洲王室的后花园一般充满了贵族气息。然而，王室的庄园大部分只允许自家成员进入，而大学的校门则是对全社会敞开，只要你有真才实学（当然进入名校，有时还要有一定的经济实力），就有机会进入。在笔者看来，美国社会的这种将大学视为贵府的贵族情结，尊重知识，靠个人的才华和努力而取得的名气与社会地位，与那些才华平庸，能力低下，靠祖上庇荫世袭封号而得到的家产和社会地位相比，更能为平民百姓所接受和认同。高等教育是一般美国人从低层经济与社会地位上进入上层阶层的一个重要渠道。尤其是对那些没有背景和靠山，两手空空闯美国的新移民或留学生来说，拥有一个美国名校的学位比有一个普通大学的学位，更能帮他们尽快地找到好工作，在美国社会立足，过上安稳的生活，甚至向社会阶层的金字塔顶端迈进，实现其各自心中不同的美国梦。

虽然上好大学并不能决定一个人将来事业的成功与否，但大学阶段确实是人生的关键阶段，你在哪所大学读书，选择什么专业学习，在怎样的学习环境中成长，和哪些人交往，建立什么样的社会关系网，将对其今后的人生之路影响重大。在申请美国学校时，是否选择名校就读，一定要根据申请人自身的情况，从自己的智力才华水平，学业兴趣所在，事业发展前途，家庭经济实力，能否申请到奖学金等等因素来综合考虑决定。这毕竟是你生命中最重要的四年，既不盲目崇拜名校声誉，也不心存偏见，找到最适合自己的名校去申请，并能被其录取，而且还能毕业，最终借名校之威找到自己称心的工作，这才算是和所谓念名校带来的“名利双收”扯上点关系了。

第二节　美国顶尖大学录取学生

一、录取学生的不定性

近些年，想进入美国名校念书的人大为增加，尤其是大量中国学生的涌入，很大一部分人是瞄着名校而去的，所以竞争非常激烈。无论你是何人，学业成绩如何突出，谁也不能保证你可以进入你想去的名校念书。为了能在大学申请过程中表现出色，申请人不但要了解美国大学最基本的申请程序，大学的录取过程，并且要了解顶尖大学的一些录取特殊要求，以确定努力目标，根据所得的信息，决定自己的行动策略。

大部分申请名校的学生，都自信地认为自己是最优秀的学生之一。实际上也确实如此。这些人学习成绩好得无可挑剔，其他才能也各有千秋，自觉被顶尖大学录取很有把握。但不要忘记，你将要面对的是一群与你同样优秀的竞争对手，单凭学习成绩这一点，已经不能在竞争中占优势了。顶尖大学确实录取了不少学校成绩好、SAT 考试分数高的学生，但此类学生被拒绝的甚至多于被录取的。如有 SAT I 考试低于 2000 分的学生被名校录取，而 SAT I 满分的学生却被拒绝的例子屡见不鲜。即使是全才，你如没有一个特别突出的强项，也不一定被名校看中。在高中成绩拔尖的学生，最后也许就去了一所二流学校，即使同是常青藤盟校，各校之间的录取标准虽有相似之处但也绝不一样。

常常会有这种情况发生，如某学生被排名第 20 的大学拒绝，却被前三强学校（哈佛大学、耶鲁大学、普林斯顿大学）之一的名校录取。按理讲这似乎有点不合逻辑，在人们心目中能被哈佛录取的学生，似乎所向无敌，他们无论申请哪所学校都应被其录取。其实不然，这里边不定因素太多，任何可能都会出现。那些从纽约市著名的史岱文森高中（Stuyvestant High School）或从波士顿著名的预科寄宿学校菲利浦高中（Phillips Academy Andover）毕业的学生，被哈佛、耶鲁和麻省理工学院（MIT）录取似乎不足为奇，因为这些学校每年都往美国各名校输送许多优秀人才。然而，每年也有许多优秀学生来自那些毫无背景，甚至此前从未有被名校录取先例的普通高中。有些人常常在高兴之余心存疑虑，回过头来细想想，竟也弄不清名校到底看中了自己哪一点而被有幸选中。

有位学生被某名校录取后很是兴奋，自己制作了一个网页以告知亲朋好友。网页上列出本届新生基本信息，如 SAT 的成绩范围，高中平均成绩 GPA 的范围，高中班级前五名学生所占的百分比，多少个高中全年级第一名（Valedictorian）等等。然而

普林斯顿大学（Princeton University）非常重视本科教育和基础研究，其数学和物理两大基础学科的发展始终处于全球一流水平。在这里执教，从事研究和走出去的科学家及各领域的泰斗们不计其数，相对论大师爱因斯坦曾在这里任教并从事研究工作。

比较之下，自己与这些颇让该校颜面生辉的数据，似乎沾边的并不多，对自己如何被录取的因由竟也如堕入云里雾中，不知所云。于是便在网页的下端大大的写上一句“为什么是我”（WHY ME？）

美国顶尖大学的招生过程虽不能说复杂，但亦不简单，是一个充满变数的过程，甚至是一个很人性化的过程。美国大学没有任何录取学生方面的硬性规定，不像中国的大学录取系统设有全国统考的重点大学录取分数线，考生成绩超过了分数线就基本上能进入中国的重点大学。美国的大学并无此规定。如前几章所提到的顶尖大学录取学生，不仅只审核申请人的学业成就，其中包括：高中平时成绩，选修课程的难易程度，平均成绩 GAP，标准考试 SAT 成绩，高中排名等；还要通过入学短文，老师推荐信等方面来全面考查学生的非学术成就，其中包括：领导才能、文体才能、特殊才能、社会责任感、个人素质等方面。这些因素中到底哪一条最重要，对能被大学录取起关键作用，将因校而异。有些学校侧重考虑学术成就高的学生，录取时其他方面的表现只作为辅助参考；而有些学校则非常重视非学术成就表现，认为学生的某些特殊才能可以补偿其学习成绩的不足，而学生的好成绩并不能补偿其非学术成就的不足。对于那些各方面发展均衡，但无特殊表现的学生（Well-rounded students），或那些在某些方面有特殊才能，但其它方面表现一般的学生（Specialized talents students），在申请时谁更占优势，大学到底取谁舍谁，很难一概而论，而要根据学校当时的具体情况来定。这些话太过抽象和概括，说了好像没说一样，然而实际情况就是如此。这些美国的顶尖大学，本来就难进，整个录取过程互相关联的参考因素很多，随机性大，常常爆冷门，再加上各种传闻，使名校录取学生之道被蒙上了一层神秘的色彩，让人感到很有些扑朔迷离。所以，若抛开申请资助的因素不谈，申请时谁有优势谁没优势都没有一定之规。因此有人调侃地把申请美国好大学称之为“没有规则的游戏”。那既然有申请人想玩这个游戏，那就在游戏里博一把，尽人事听天命吧。

还有，顶尖大学在录取学生时，并不要求每一位申请人都具备上述所提到的所有才能和品质（因为绝不可能），每个申请人只要具有一项或两项出众才能和优秀品质表现突出，并且其他方面不要太差，就有可能被录取。而学校在录取学生时，从学校的角度来看，将被录取的学生看作一个整体，每位学生都有其特性，或是在学术上有某一两方面的强项，或是体育方面很出色，或来自不同的区域和文化背景等等，所有被录取学生的组合，将尽量包括前面提到的各种才能和优秀品质，以期本校新生群体达到最合理的人才平衡。

而大多数学生都是既有强项又有弱项，如果你看到某个学业方面并不突出的学生被名校录取了，那他一定在上面提到的非学术成就的某些方面具有其他申请人没有的特长或背景。而这些不一样的特长与背景，恰恰是他所申请的学校在这一年所录取的其他新生中没有或较少有的（Under represented）。例如，某大学的准新生群体中缺少具有篮球特长的学生；或缺少具有领导才能组织能力强的学生；或缺少从某个较偏远地区来的学生，或缺少带有某种文化背景的学生；大学招生人员则会睁大眼睛，在申请人群中挑选出具有这些特长的学生加以比较和予以录取。这就给所有想去顶尖大学念书的学子们很大的想象空间，即使自己的 GPA 不够高，SAT 分数不太理想，也都希望并幻想着自己的某种特长会带来某些惊喜或好运。

然而，这些信息只是大学招生人员的内部信息，大学绝不会在本学校的招生公告栏中声明，今年本校招生中需要 XX 和 XXX 方面的特殊人才。所以申请时，申请人并不知道自己所参加的哪项社会活动中显露出来的哪种能力，哪方面的学识才能，哪种民族或地域特性，哪种文化背景和思想见解，会被哪所大学的招生人员所青睐。这些难以预测的未知数，使大多数人在选择名校申请时都会如猜谜一般地有些茫然而举棋不定。

被名校录取应该说是才气加运气，纵使你有某方面的特殊才能，但运气不佳，你想去的大学恰好这方面人才济济，没有选中你，你也只好望校兴叹！而对于一个没有才气的人，则运气更不会光顾。机会总是向有准备之人招手，如果你有了准备，且具有的某种能力恰好被你所申请的某项尖大学相中，吸收你为该校新生群体的一员，那才是真正的天时地利人和。

下面具体地讨论一下美国名校在录取新生时如何评估申请人以及与其他大学不同的一些重点考虑方面。

二、学术排名系统（Academic Ranking System）

在录取学生时，为了尽量准确和更方便地评估申请人，许多大学都制定了将申请人分类的评估方法。这些方法根据学校对申请人要求的高低和录取的难易程度而有所不同，分类方法或简单或详细。如常青藤盟校和许多顶尖大学采用学术排名系统将申请人分类。其中达特茅茨学院和宾州大学将申请人分为九类来进行评估，以第九级为评分最高级，即被评为最好的学生，而其他大学一般都将申请人分为四类或五类。尽管各项分类尺度不同，但是他们用来衡量申请人的标准却非常相近。即同时审核申请人的学业成就和非学术表现如何。

下表将介绍分类方法之一的“学术排名系统”如何对申请人进行分类，供参考：

申请人学术评级类别	申请人的学术和非学术成就的具体表现
9 级和 8 级（优秀学生）	年级排名为年级人数前 10%，许多人为排名第一（Valedictorian）或第二名（Salutatorian）（竞争力不强的学校须排名前 4%） 选修一定数量的 AP/IB 或荣誉班（Honor Class）的课程（详见第三章的高中学术表现和课程），并选学某些大学课程，参与某些科学领域里学术研究或活动 学校成绩优秀（几乎为全 A 学生），写作能力极强 非常杰出的推荐信 课外活动丰富，表现突出，有领导才能
7 级和 6 级（良好学生）	年级排名前 25%（竞争力不强的学校须排名前 10%） 选修一定数量的 AP/IB 或荣誉班（Honor Class）的课程，参与某些科学领域里学术研究或活动 学校成绩优良（成绩有 A 有 B），写作能力强 非常好的推荐信 积极参与各种校内外活动，表现出色，也展示某些领导才能
5 级和 4 级（中等学生）	年级排名前 35% 左右（竞争力不强的学校须排名前 15 ~ 20%） 选修一定数量的 AP/IB 或荣誉班（Honor Class）的课程 学校成绩良好，写作能较强 很好的推荐信 参与各种校内外活动
3 级以下（一般学生）	年级排名前 50% 左右或更低 选修学校要求一般课程（也可能选修一，两门 AP 课程） 学校成绩良好，有一定的写作能力 评价一般或较好的推荐信 有些学生参与一定的校内外活动 申请表中显示出某些弱点

以上的分类归纳，只能概括多数申请人的情况。也有少部分人与上述分类情况不符，如在某些方面表现突出，可归为 8 和 9 级的类别中；但在某些方面又做得不尽人如意，只能归在 4 和 5 级的类别中。对人群分类是一件复杂的事情，不能简单地一概而论。在这里介绍学术排名系统分类的目的，是帮助申请人对某些美国顶尖大学如何评估学生有一个大致了解，对自身的定位有一个较明确地估计。

由上得出简单结论，学术排名在 7 以上的申请人，是各方面都非常优秀或比较优秀的学生，被顶尖大学录取的可能性最大。排名在 4 ~ 6 的申请人，是处于中等水平的学生，能否录取很难说。排名在 3 以下范围的申请人，如无特殊才能，被录取基本无望。

三、特殊情况

在与其他申请人各方面条件基本相同的情况下，如果你有以下几种情况的背景之一，在申请美国顶尖大学，尤其是常青藤盟校时可能会占有些优势，或许会被优先考虑录取。

1、申请人是体育明星(Athletic)。注意，这里要求申请人不仅仅是一般性地会打球，或只是本高中学校的校队主力，而应是在有名的比赛中取得过名次（国际学生也是如此）。比如：申请人是全美中学网球比赛的第五名，全美高中篮球冠军队的主力中锋，美式橄榄球冠军队投球手，等等，这些体育竞技优势将大大弥补学业不足。申请人将不会过多地受成绩的约束，当然也不能太差，至少应没有不及格科目。因为文武双全的学生实在不多，学校也只好将标准放低一些。此类特长是最受常青藤盟校青睐的特长，这些学生将会是他们抢手的香饽饽，入学后可马上进入学校体育队打比赛，为学校直接带来荣誉与经济效益。

2、申请人具有特殊才能（Special Talents）。比如：申请人在音乐、舞蹈、绘画、摄影等方面有一技之长，如前所述，这里所指的具有特殊才能的学生不只是一般水平或在小范围内竞赛中获过奖，而是在大竞赛中，即州内或全美国的比赛中获过奖、得过名次的学生，获得国际和本国某些大奖的国际学生，也会同等对待。

3、申请人是本校毕业生的亲属（Legacies）。有的学校严格规定，此亲属关系只限于申请人是该校本科学院毕业生(Undergraduate)的子女，其他亲属皆不算在内;而有的学校则将亲属关系定义很广泛，申请人的其他亲属，如兄弟姐妹、姑姨叔舅、甚至祖父母都算作亲属，如果他们曾由本校毕业，那么申请人亦属与本校有亲属关系之列。申请人要核对清楚，并在申请表中的本校毕业亲属关系一栏里，填上他们的名字。因为对于私立大学，特别是顶尖大学来说，校友捐款是学校储备基金的主要来源之一。所以对校友亲属的优先录取之举，也在情理之中。以此争取得到更多校友的支持，获得更多的赞助。许多人认为，校友的慷慨解囊，不断支持母校的发展，是学校在美国高等教育界保持优势地位不可缺少的条件之一。然而，这种校友子女优先的传统，近年来受到诸多批评和质疑。很多人对此做法非常不以为然。认为在这些名校里，富裕的白人一直占优势地位，而他们的子女又可得到照顾而优先入学，是近亲繁殖，没有采取择优录取的原则。这样的做法对大学里本来就占少数的其他少数族裔不公，甚至与种族歧视挂上了钩。但这已超出了我们的议题之外，在美国，凡是与种族歧视相关联的话题，只言片语难以陈述。

4、申请人亲属有巨额捐赠给学校（Development/VIP）。捐赠几千、几万美元都恐怕谈不上大数额，要以百万美元来计，比如捐赠一座教学楼，或一座图书馆等，或申请人若是名人政要的子女。金钱魔力和名人效应对学校的发展是绝对不能忽视的。

5、如果大学的教职员工或董事会成员，能够给申请人写一封分量相当重的推荐信（Faculty and Trustee Recommendations），这对申请人的被录取有时会起非常积极的作用。

6、申请人是少数族裔（Minority）。对于常青藤盟校和美国顶尖大学录取学生而言，“少数族裔”一词，并不完全指美国全部的少数民族，而是指其学生群体中人数较少的少数族裔。一般主要指黑人（Black）、西班牙人（Hispanic）、美国本土人（Native American）。美国本土人一般指美国本土的印第安人、夏威夷人以及太平洋岛屿人的后裔。美国是一个多民族的移民国家，美国大学按一定的比例招收少数族裔的学生，并不仅仅从加强校园学生的多元化方面来考虑，也有尽量避免由于招收少数族裔学生的不足，而被扯上“种族歧视”嫌疑等方面因素的考虑。顺便提一下，虽然美国名校对美国少数族裔招生实施的优惠政策，颇受少数族裔的欢迎，但也在某种程度上引起了美国某些多数族裔（Caucasian）的不满。尤其是前些年对美国密执根大学在本科生招生时，为黑人、西班牙裔和印第安裔等少数族裔申请学生自动加 20 分的招生政策争议最大。反对者认为这是逆向种族歧视（白人受歧视），以这种方式来达到高等学府学生种族多样化，从根本上就存在失误。而美国黑人和其他一些少数族裔，则对密执根大学的这项政策，表示热烈欢迎，认为这是对以往种族歧视的一种补偿，也是学校追求种族多样性的有效途径。对于这项政策的历史渊源和当今的是非曲折，这里就不详细引述了。我们所关注的是亚裔，特别是华裔。然而亚裔在美国虽属少数族裔，人口低于 5%，但在美国顶尖大学中的亚裔学生人数却不能算少数（Well represented），如在哈佛、MIT、哥伦比亚和加大伯克利等名校中，亚裔学生的比例可高达 20% ~ 30%。所以在美国大学里，亚裔通常被列在“少数族裔”的分类之外，在申请名校的角逐之中毫无少数族裔的优势可言，只能靠实力拼搏和碰机会来胜出。不仅如此，因为亚裔学生在各方面的出色表现，被大学录取的人数太多，美国的加州甚至还在 2014 年初讨论出台某些提案，限制加州大学系统（University of California System）录取亚裔学生的数量，以提高西裔和非裔的录取率。无论该提案最后得以通过与否，同为美国少数族裔，不太努力的其他少数族裔学生可以由于出色人数少而被照顾或加分被录取，但勤奋努力的亚裔学生却由于出色人数多而有可能被限制录取。这场关于种族平等或优先在大学招生中的争论，亚裔学生所处的尴尬地位真让人无语。

另外，外国学生申请美国大学，无论你属于哪个民族，都通通被分在“国际学生”之列，不要与此混为一谈。

申请人需要明确，以上列出的几种情况都是些不成文的规定，没有哪所大学会在招生简章或学校简介里写明，若申请人符合以上情况之一，就会被优先录取。即使有这些情况存在，每一种情况都有名额的限制，且比例很小。还有些顶尖大学甚至不同意录取过程中存在以上特例。如美国顶尖大学之一的 MIT，在某年给被录取新生的贺信中就明确地表示："……我们录取你是因为我们觉得你将会在我们这里健康成长。我们没有配额之说。我们录取学生不看其在哪个高中念书，不管生活在哪个州，不分性别、种族，不论他参加过什么社会活动，经济状况如何，能否付得起学费，不论学生家长是否从 MIT 毕业。我们精心地从整个申请我校学生群体中挑选出 16% 的学生予以录取，且选择正确……"（……We literally hand-picked you because we feel that you will thrive here. We have no quotas. We do not admit by high school, or state, or gender, or race, or activities, or socioeconomic status, or ability to pay, or whether parents graduated from MIT. The selection process was very time-consuming and we admitted just 16% of the applicant pool, but we think we've got it right……）。并且申请人虽具有以上情况的优先优势，但在其他方面与不具备优先条件的申请人相比差距较大，则也不会被优先考虑录取。

四、学校的教育理念

有一点要强调的是，虽然看起来，美国各顶尖大学在招生时有许多相似之处，但又绝不相同。了解这些不同点则非常重要。各大学在挑选学生时都有自己独特的教育目标、教育理念和学生个人素质取向（Educational Goals, Philosophy, and Personality）等与其他学校不同的诸多方面的考虑。这将影响到哪些申请人将会被哪种类型的学校录取。如同申请人在挑选大学时，要挑选一个最适合自己的大学来申请；顶尖大学在录取学生时，如果必须在几个同样优秀的申请人中挑选一个，那大学会认真地比较他们，从中挑选出一个各方面最适合在本校学习的学生。下面几所名校为例。

1、麻省理工学院（MIT）

MIT 的教育理念是，学生要想成功，必须要有富于冒险的精神，要敢于面对失败和挫折，学会在强手如林的环境中学习和生活。要学会面对考试不及格，保持稳定的情绪，及时调整心态，能尽快从失败的阴影中恢复过来。美国名校入学难，毕业更不易。在美国顶尖大学中，MIT 是首屈一指的理工科大学（或曰与加州理工学院并驾齐驱），她的"核心课程"（Core curriculum 即每个学生必修的课程，无论他选择哪个专业）偏重理工科目。其功课之繁重，学习压力之大，竞争之激烈堪称美国大学之最。

你若走在MIT的校园中，随便碰到哪个学生，就很有可能曾是某高中毕业班的第一名，或某届数学、物理国际奥林匹克竞赛的获奖者。这些从全世界各地来的学生中，智商极高者比比皆是，有些学生甚至是天才、怪才，出几个爱因斯坦之类的人物不足为奇。这些在中学时代时是人人称赞的天之骄子，进入MIT后马上就遇到学业等各方面的挑战，其压力远远高出美国的一般学校，遇到失败时的失落感也是常人所难以想像的。

波士顿美丽的查尔斯河在夏日骄阳下水波荡漾，轻舟扬帆。河畔两岸著名高校林立，街上夹着书本的教授和背着书包的学生们来来往往生气勃勃，景致美不胜收。

劝那些准备申请 MIT 的学生，必须做好四年大学期间要能够承受巨大学习压力的精神准备（除非你是天才学生）。MIT 也知道学生的功课多，压力大，有时也会采取一些相应的措施或做出一些相应补偿。

如 MIT 新生第一学期采用“通过 / 无记录”（Pass/No Record）的成绩记录方法，即所学的课程不给出 ABC 的成绩分数，只用“通过”或“不通过”来表示；若所学课程没有通过，则不会在成绩单上显示出来。新生第二学期采用“成绩 / 无记录”（Grades/No Record）的成绩记录方法，即所学的课程若是通过，则给出 ABC 的成绩分数；若所学课程没有通过，则不会在成绩单上显示出来。因为大部分去 MIT 的学生，在高中期间都是拿全 A 的优等生，但到了 MIT 后，许多人都要经历拿 C 或考试不及格的情形。为了不让学生一下承受太大的精神压力，学校在新生第一年采用这种成绩记录方式，目的是让学生从学习方法上逐步适应 MIT 的紧张节奏，从心理上逐步增强承受压力的能力。

又如，美国假期多，几乎每个月都能有一个假日与周末联在一起，构成一个三天的长假期。但如果哪个月正好没有一个三天的长假，MIT 就会自作主张地挑出一个星期一，作为学生日（Student Day），将这一天与周末组成一个长假期，目的是让学生放松一下心情，多一点空闲时间来调整自己。学生们戏称此日为“防止自杀日”（suicide prevention day）。此话虽是玩笑，但让送子女来 MIT 念书的家长们听起来不免有些毛骨悚然，很担心自己的孩子能否承受得了这么大的压力。许多经过 4 年 MIT 大浪淘沙式的紧张学习而毕业出来的学生，可以说心理素质很强，基本上能承受得起将来在任何艰辛岗位上的工作压力。有的家长甚至评论自己的孩子四年后从 MIT 毕业时，脱胎换骨一般地从一个相对文弱的孩子变成了一个成熟的，面对挑战而意志坚强的人。而那些不太愿意承受压力，心理素质差的学生，如想去 MIT 念书，一定要斟酌再三。

所以 MIT 招生人员在审核申请人时，对那种不畏惧挑战，敢于承受压力，独立性强，具有自我调节能力，对自己的行为和将来的发展负责的学生，会格外看重。

2. 布朗大学

布朗大学的教育理念是自由开放式的教育。布朗大学没有“核心课程”，即没有必修的基础课程，没有课程分布的规定（No distribution Requirements），布朗大学只要求学生通过 30 门课程和达到某些专业的一些要求，即可毕业。布朗大学的这种没有核心课程，没有课程分布要求的自由化教育理念，极少的规定与限制，在很大程度上让学生担负起自己教育的责任来。让学生根据自身的特点，自由地去设计自己的教育计划。虽然当学生需要选课，选专业和其他方面的指导时，学校的教授可以随时提供全方面的建议，可以义务地做学生的顾问，但最终的选择却是由学生自己来做决定。学生可以任选自己喜爱的课程学习，在知识的海洋里自由遨游，这在其他常青藤大学里是没有的。有位布朗大学的学生说：“当我刚刚进入布朗大学时，这种没有选课规定的做法，真让我有些惊慌失措，我不知道我想做什么，这么多不同的课程，似乎每门都很吸引人。我在布朗大学的第一年，就像在正餐开始前品尝开胃小菜一样，从八个不同的学科部门选修了八门不同的课程，这对我日后了解自己真正的兴趣所在非常有帮助。”

然而，没有学校的规定与压力，如果学生自己再没有一定的责任感和自我约束力，为自己制订好四年的教育目标和计划，松松散散的几年很容易就会混过去。所以，这种对自己的教育自己完全掌控的做法，到底利大还是弊大，恐怕也不是一两句话就能说得清楚。因此，布朗大学在招生时，非常注意了解申请人是否具有独立性和责任感，是否明确自己的教育目标，以确定他们是否有能力正确控制自己的学业，并能从布朗大学的这种宽松的学术气氛中受益，而不是迷失方向。学生在申请布朗大学时，也要尽可能地向招生人员展示自己独立，成熟和敢于作决定的一面。要表明，你是那种没有地图也能找得着北，自己掌舵也能将航船驶向目的地的人。

3. 哥伦比亚大学

与布朗大学正好相反，哥伦比亚大学却以其独一无二的“核心课程”而著称。哥伦比亚的教育理念是非常重视开发学生全面智力的综合教育，或称“通才教育”。其“核心课程”涉及到文学、艺术、哲学、政治历史与自然科学等许多领域。哥伦比亚大学的学生必须选修这些核心课程，没有布朗大学那种学生喜欢哪门课就选修哪门课的自由挑选余地。学生通过这些核心课程的学习，在几个学术领域都有了基本的知识，并具有一定的分析、思考和鉴赏能力，学校这样做的目的是让学生素质得到全面发展。虽然“核心课程”中有些课程极具挑战性，学生们需要通过大量的分析性阅读和写作，下一定的工夫才能理解其中的许多问题。但是一分耕耘一分收获，许多哥伦比亚大学的学生都说，他们喜欢这种课程的分布结构，他们在核心课程中学到的许多知识真的让他们受用终生。所以，哥伦比亚大学在招生时，比较注重挑选那些愿意接受在这种严格的传统课程结构下学习，希望自身知识结构较全面发展的学生，而不是那种只想在单一领域里或某一专业发展的学生。

哥伦比亚大学的教育理念是重视开发学生全面智力的综合教育，其学生必修的“核心课程”包括了美国大学中最为严格的基础课，涉及到文学、艺术、哲学、历史和自然科学等许多领域。

其实，目前的美国大学，除了一些专业倾向很明显的理工科大学和专科学院，一般都采用这种注重学生知识结构和素质教养全面发展的通才教育，都设置了虽侧重面不同但文史哲，数理化各领域都涉及的核心课程。即使在大学二年级时选定了专业，也是那种科目范围包括很广的专业，不像中国大学里专业分的那样细。使学生在大学本科的学习中获得足够的基础知识，在进入研究生学习的阶段，再在某一专业领域里深入发展。

各顶尖大学的教育目标、教育理念、专业强项和个人素质取向等信息，通常都会在学校的招生简章，大学介绍小册子，以及本大学的网站上体现出来。申请人在申请大学前，要仔细阅读，正确理解。你的注意力一定要放在你想去的学校是否适合你，而你是否是这所学校想要的学生这方面来。如果是，在竞争中你的强项和弱项是什么，申请时想办法尽量突出自己的强项，淡化弱项，让适合你的学校也能选中你；如果不是，则尽早放弃，另寻他校。

总而言之，申请顶尖大学的过程是一个双向选择的过程，申请人竭尽全力表现自己，想进入好大学念书，而名校则左挑右选，想招到好学生入校。每年申请美国顶尖大学的学生众多，几乎个个优秀。虽然有不少人如愿以偿，但还是会有一批学生命运欠佳而落选。并不是落选的学生不优秀，主要是好大学的接受能力有限，没有足够的位置。因此申请人一定要使出浑身解数，把自己如上所述的最佳点和唯一性展示出来，让大学招生人员确信，你就是一块可以雕琢的美玉，你将能成为校园多元化方面的一个亮点，能带给学校与众不同的贡献和经验。这样才有可能在精英云集的美国顶尖大学之中求得一席之地。

CHAPTER 006

第六章 | 大学费用

不仅对美国低收入家庭，就是对占美国人口比例最大的任何一个中产阶级家庭来说，孩子的大学费用都是一笔沉重的经济负担。大学费用如此昂贵，根据美国家庭经济情况，家庭应支付的费用是多少？自己是否符合申请大学资助的资格？如果符合条件，又能得到多少资助（Financial Aid）？从哪里能够得到这些信息？这些是每个申请人在考虑申请资助时首先要想到的问题。本章将简单介绍一下相关的内容。中国学生或其他国际学生也可从中了解到美国不同类型大学的收费范围、大学平均费用、学费增长幅度和向学生发放经济资助的基本原则等非常详尽的信息。然后根据自己的特长和家庭经济状况，选择申请哪些学校，如何申请有可能被自己向往的大学录取并获得资助。

美国各大学对国际学生的资助政策与对本国学生的政策有诸多不同，只有极少数的美国大学可以向国际学生提供经济资助，甚至是全额资助。大多数学校则对国际学生不提供资助，或资助数量很少，或有最高资助额度等各种严格限制。且这些资助政策还可能根据当前的市场经济和大学的财政收入而有所变化。申请时如果大学费用是主要考虑因素，那申请人就要首先在这一方面多花些时间，详细了解你想申请的大学在经济资助方面的政策，挑选那些有可能得到资助的大学去申请。

第六章 大学费用

不仅对美国低收入家庭，就是对占美国人口比例最大的任何一个中产阶级家庭来说，孩子的大学费用都是一笔沉重的经济负担。大学费用如此昂贵，根据美国家庭经济情况，家庭应支付的费用是多少？自己是否符合申请大学资助的资格？如果符合条件，又能得到多少资助（Financial Aid）？从哪里能够得到这些信息？这些是每个申请人在考虑申请资助时首先要想到的问题。本章将简单介绍一下相关的内容。中国学生或其他国际学生也可从中了解到美国不同类型大学的收费范围、大学平均费用、学费增长幅度和向学生发放经济资助的基本原则等非常详尽的信息。然后根据自己的特长和家庭经济状况，选择申请哪些学校，如何申请有可能被自己向往的大学录取并获得资助。

美国各大学对国际学生的资助政策与对本国学生的政策有诸多不同，只有极少数的美国大学可以向国际学生提供经济资助，甚至是全额资助。大多数学校则对国际学生不提供资助，或资助数量很少，或有最高资助额度等各种严格限制。且这些资助政策还可能根据当前的市场经济和大学的财政收入而有所变化。申请时如果大学费用是主要考虑因素，那申请人就要首先在这一方面多花些时间，详细了解你想申请的大学在经济资助方面的政策，挑选那些有可能得到资助的大学去申请。

第一节 大学费用和经济需求

一、大学费用

大学费用是选择大学时考虑的重要因素之一，也是学生家长最为关注的信息。美国各大学的费用不同，一般来讲，私立大学的学费比公立大学贵很多。而公立大学对本州学生收费又比对外州学生（包括国际学生）收费便宜，并且大学的费用也随地域的不同而异。

1、大学总费用（Total college expenses）

大学费用一般分为两项：

1）教育费用（Educational cost）包括：

01）学费和杂费（Tuition and fees）

02）书本学习用品费（Books and supplies）

2）生活费用（Living costs）

01）住宿费（Room and board）

02）个人消费（Other Personal Expenses）

03）交通费（Transportation）

2、美国大学平均费用和增幅

1）下表列出美国大学 2013 ~ 2014 年度的大学平均费用和增幅（表内数字为美元）供参考

	学费和杂费（Tuition and Fees）			住宿费（Rom and Board）			大学总费用（Total charges）		
	2013–14	2012–13	学费增 %	2013–14	2012–13	学费增幅 %	2013–14	2012–13	学费增幅 %
两年制公立学校，对本州学生	3,264	3,154	3.5%	7,466	7,342	1.7%	10,730	10,496	2.2%
四年制公立大学对本州学生	8,893	8,646	2.9%	9,498	9,171	3.6%	18,391	17,817	3.2%
四年制公立大学对外州学生	22,203	21,533	3.1%	9,498	9,171	3.6%	31,701	30,704	3.2%
四年制私立大学	30,094	28,989	3.8%	10,823	10,458	3.5%	40,917	39,447	3.7.1%

摘自 *Annual Survey of Colleges*, The College Board, New York（*Trends in higher Education Series 2013*）

上面的表格给出的只是平均数字，那些享誉盛名的常青藤大学或在 US News 排名前 50 的大学，其学费可远远高于这些平均数（请参考下表）。此表格只是给申请人一个费用的范畴，评估一下自己家庭的经济能力。并给出了一个增幅比例。一般情况下，若在上述列出的平均数值上增加 5% 左右，可得到下一年度的大学费用估算平均值。

3）若想得到得到某个大学学费的具体数值，申请人可进入你所申请大学的网站，点击 Financial Aid 或者 Cost & Aid 等，点进 Tuition & Fees，就可得到该大学本年度大学费用的准确信息。下表以不同的地理位置列出几所美国知名的公立和私立大学网站在 2014 ~ 2015 年度的费用供参考。以下仅列出主要费用，如学费和杂费（Tuition and Fees），食宿费（Room and Board），学习用品（Books & supplies）和个人消费（Estimated Personal Expenses）。费用不包括旅费（Transportation）和健康保险（Health Insurance），并有可能改变，请以当年学校公布的数字为参考。

私立大学			公立大学			
学校	学费和杂费		学校	本州居民学费		外州居民学费
哈佛大学（Harvard University）	学费和杂费	$43,938	弗吉尼亚大学（University of Virginia）	学费和杂费	$13,216	$42,402
	食宿费	$14,669		食宿费	$10,052	$10,052
	学习用品费和个人消费	$3,643		学习用品费和个人消费	$3,370	$3,370
	总费用	**$62,250**		**总费用**	**$26,638**	**$55,824**
斯坦福大学（Stanford University）	学费和杂费	$44,622	密执根州立大学安娜堡分校（Michigan State University-Ann Arbor）	学费和杂费	$13,486	$41,906
	食宿费	$13,631		食宿费	$10,246	$10,246
	学习用品费和个人消费	$3,975		学习用品费和个人消费	$3,252	$3,252
	总费用	**$62,268**		**总费用**	**$26,984**	**$55,404**
西北大学大学（Northwestern University）	学费和杂费	$47,251	加州大学伯克利分校（University of California, Berkeley）	学费和杂费	$12,972	$35,850
	食宿费	$14,389		食宿费	$15,438	$15,438
	学习用品费和个人消费	$3,879		学习用品费和个人消费	$3,228	$3,228
	总费用	**$65,519**		**总费用**	**$31,638**	**$54,516**

由上表可见，私立大学与公立大学的学费相差甚远，而本州和外州学生的费用也相差近一倍，并且美国大学学费还在以超过每年通货膨胀的速率上涨。一般来讲，私立学校从设施、管理、教学等方面都优于公立学校，而国际学生由于不是美国公民而不能享受美国本州学生的优惠学费价格， 念美国公立学校要支付几

乎与私立学校相当的学费。所以若家庭经济允许，读好的私立学校比读公立学校性价比要高些。花着读美国私立学校的钱读公立学校，觉得性价比差了些。当然那些响当当的公立学校如加州大学伯克利分校（UC Berkeley）、密芝根大学安娜堡分校（U of Michigan-Ann Arbor）等等，也在各方面都与好私立大学旗鼓相当，若能被录取也与读好的私立大学无什差别。

二、期望家庭支付的大学费用 EFC[①]

美国大学申请经济资助的基本原则是：学生本人和家庭应力所能及地支付大学费用，如果你的家庭经济状况使你不能支付大学全额费用，才可以申请经济资助。而“期望家庭支付的大学费用”（Expected Family Contribution 缩写 EFC），并不以自己的意愿为准，不是学生家庭自己想支付多少就支付多少，而是由所申请的大学，以美国政府教育机构提供的计算公式，根据某些标准和条件，计算得出若该家庭有孩子要上大学，以其家庭的经济状况，家庭应该支付的大学费用 EFC。若计算出的金额不够支付你申请某大学的费用，那你（仅指美国公民和永久居民）就有资格申请美国政府提供的经济资助；若计算出的金额可以支付费用，那对不起，无论你的家庭曾经交给政府多少税额，山姆大叔也不出一分钱来资助你念大学。美国大学通常采用两种方法来决定申请人的申请资助资格和 EFC 值。

1、联邦法（Federal Methodology，简称 FM）

申请美国联邦政府提供的大学经济资助时（Federal Financial Aid，此类资助仅提供给美国公民和绿卡持有者的申请人），大学采用由美国国会创建的计算公式，并由美国教育部执行管理的“联邦方法”来计算 EFC。此计算方法主要从申请人的家庭收入、财产、生活费用和家庭成员多少等方面来评估其家庭的经济实力。为了获得这些信息，大学要求申请人填写一份免费的申请资助表格，其英文全称为 Free Application for Federal Student aid，简称 FAFSA 表格。表格要求填入的内容极其详尽，从年收入、银行存款、股票、证券的数额到拥有固定资产的价值等等，如每年报税一般的复杂，且不能造假。政府审核人员有可能将此表格与你家庭的报税单相对比，若发现不实之处就会有麻烦。比如说，计算得出该家庭应为孩子上大学的 EFC 是每年两万美元。那你所申请的大学将以这个数值，读本大学学生要花的费用和本大学的财政实力等几方面综合因素来决定是否向你提供经济资助和资助的金额。

---

① from college cost financial aid handbook

2、学院方法（Institutional Methodology，简称 IM）

申请非联邦政府提供的大学经济资助(Nonfederal Financial Aid Program)时，大学采用“学院方法”来计算 EFC。IM 方法由于增加了一些 FM 方法计算时没有考虑的因素，所以许多私立大学不但要求申请人填写 FAFSA 表格，还要其再多填写一份申请表格，英文全称 College Scholarship Service financial Aid Profile，简称 CSS PROFILE 表格。

在计算应 EFC 时，这两种方法有许多不同点，如 IM 方法将家庭财产的剩余价值考虑进去，并要求学生付最低数额的大学费用；而 FM 方法对于这两点都不予以考虑。然而 IM 方法，允许学生对一些影响家庭财政的特殊情况与解释，如果家庭需要负担的额外医疗费用，孩子私立中学的学费等，在计算时，可将对特殊情况予以特殊考虑。一般来讲，通过 IM 方法计算的 EFC 值高于通过 FM 方法计算的数值。大部分美国公立大学，由于主要经济资助来源于州政府和联邦政府，所以主要采用 FM 方法来确认申请资助人的资格，而大部分私立大学校，特别是美国顶尖大学，主要的经济资助来源是私人财团和个人捐款，所以一般采用 IM 方法来决定申请人是否有资格申请本大学非政府财团提的供资助。但若涉及到政府提供的经济资助，还是要采用 FM 方法的。

由于申请人一般要在得到大学录取通知后，才知道是否能够得到经济资助（无论是政府的资助还是大学方面的资助）。即使在申请大学的阶段提出申请资助，也不知道据家庭经济状况，自己是否有资格申请，即便认定有资格，大概能获得多少金额的资助也是未知数。所以在选择申请大学时，有时会犹豫不决，不知若向某大学申请资助后是否会影响自己的被录取。特别是申请名校时，尽管许多名校一再声称，他们录取学生时，不看学生家庭收入，只看学生优秀与否，但确实有学生在申请资助后而影响其被录取的情况存在。此时，申请人可进入某几个网站，采用网站提供的计算工具软件，帮助学生估算 EFC 数值（这种软件采用与 FM 和 IM 相近的方法），按着软件的要求，将所需用的数据一一输入，即可得出估算的 EFC 数值（按美国家庭的收入情况来估算），供你申请经济资助时参考。这些网址列出如下：

1）http://apps.collegeboard.com/fincalc/efc_welcome.jsp

2）www.finaid.org/calculators/finaidestimate.phtml

3、经济需求（Financial Need）

在了解了美国大学费用的大致数额，申请人家庭应该支付的大学费用 EFC 后，申请人最想知道的是自己是否符合经济资助条件，下面用一个简单的公式予以表述：

经济需求 = 大学总费用 — EFC

在上述公式中，若计算出的经济需求值大于零，申请人就可理直气壮地申请经济资助；若经济需求值等于零，从理论上讲，申请人没有资格申请由联邦政府提供的那部分大学经济资助。但联邦政府提供的大学资助只是美国大学可提供全部经济资助的一部分，申请人若表现优秀，还有可能获其他部分的资助。这点后面还要说明。

申请人是否有资格申请大学的经济资助，不仅与家庭收入 EFC 有关，还与申请那所大学有关。对每一位申请人来说，EFC 一经确定，如无特殊情况（如父母失业，或病故），EFC 值基本不变。而经济需求是大学总费用与 EFC 之间的差值，大学总费用随着申请大学的不同而异，经济需求则也随之变化，是非常简单的算术关系，以下表为例说明经济需求的变化。

	A 大学社区学院	B 大学公立大学	C 大学私立大学
大学费用	$9,000	$19,000	$29,000
EFC	$9,000	$9,000	$9,000
经济需求	$0.00	$10,000	$20,000

如果“大学的费用”超过申请人“期望家庭支付的大学费用 EFC”，申请人就有资格申请经济资助。如上表所示，申请人若申请 A 大学，就没有资格申请经济资助，若申请 B 大学，就有资格申请一万美元的资助金额，若申请 C 大学，就有资格申请高达两万美元的资助。而联邦政府向每所大学提供的用于资助学生念大学的资金是有限的，大学不能保证对每一位需要资助的申请人都能提供满足其需求全额资助。能申请到多少资助，还要视学校的财政实力和学生的具体情况而定。假定 C 大学的财政实力不足，只能提供一万美元的经济资助，那申请人除了要支付那笔家庭应支付的 9,000 美元外，还要为余下的一万美元的缺口寻觅财源。若找不到财源，家庭又无力负担，自己又不愿为上学而贷款负债，那申请人只好无缘于 C 大学。

会有这种情况发生，学生申请的一所收费昂贵但资金雄厚的私立大学，学校可以向其提供的经济资助，可完全可满足其经济需求的数额。而申请的另一所收费便宜的公立大学，由于学校的经费不足，能提供资助的数额只是其需求的一部分。

这样看来该学生上收费便宜的学校，反而要比上收费昂贵的学校花费多。所以对每一个申请人来说，真正的大学费用，并不完全是大学招生简章上印出的数额，而是学生家庭到底能从自己口袋里拿出多少的费用，这点是因人因校而异的。因此，申请人申请学校时，应仔细分析一下自己的家庭经济情况，了解你要申请大学的资助政策和学校的财政现状，也许能够有幸获得一笔不错的经济资助。

第二节 经济资助简介

一、从经济资助（Financial Aid）的来源来分类

1、联邦政府提供的经济资助（Federal Programs）

美国联邦政府每年都提供大量的经费，资助美国学生读大学。任何一个美国公民或绿卡持有者，都可以申请联邦政府提供的大学经济资助（不接受外国学生的申请）。每年大约有半数以上的美国大学生，都在不同程度上受惠于联邦政府提供的经济资助，实现了接受高等教育的理想。这些经济资助主要有以下几种[①]:

奖学金和校内工作（Grant and Work-Study）		
美国联邦政府经济资助项目名称 Program	项目细节 Program Details	每年能提供资助的最高数额 Award Amount（subject to change）
Federal Pell Grant：does not have to be repaid	仅限本科生，根据申请人家庭财产需求的状况而提供的奖学金，不需偿还。	$5,645
Federal Supplemental Educational Opportunity Grant（FSEOG）	根据本科生额外需求提供的奖学金，并依据本校当年的财政状况而决定资助数额，不需偿还。	$100 ~ $4,000
Teacher Education Assistance for college and Higher Education（TEACH）Grant.	对于想做老师的本科生和研究生都适用。受益者将承诺需要领域里做满四年全职教职工作，奖学金将不用偿还，除非你没有完成应尽的职责。	本科生 $4,000 ~ $16,000 研究生不超过 $8,000
Federal Work–Study	对本科生和研究生都适用，校内外工作均可，据学校的财政情况，至少付给学生最低工资。	没有最低或最高工资限额

① 数据来自 *Funding Your Education-The Guide to Federal Student Aid*，发布于 2013 年 9 月，将来若有任何改变请查询 www.StudentAid.gov

贷款 Loans		
Federal Perkins Loan，要按 5% 的利息偿还	根据需求提供的贷款并必须偿还，本科生和研究生都适用。	本科生贷款上限 $5,500 研究生贷款上限 $8,000
Direct Subsidized Stafford Loan	根据需求提供的贷款并必须偿还，学生在校期间美国教育部负责支付利息，贷款利息是变化的。	$3,500 ~ $5,500，贷款额据学生年级而不同
Direct Unsubsidized Stafford Loan	不看需求提供的贷款，本科生和研究生都可借贷，贷款人要负责支付利息，学生至少是半日制学制的学生。	$5,500 ~ $20,500，视获取资助的需要而不同
Direct PLUS Loans	不看需求向学生家长提供的贷款	最高贷款额是大学的费用减去学生收到其它资助的总和

以上数据是美国联邦政府在按照一定标准审核了申请人的家庭经济状况和需求后，决定是否提供资助。资助的数额会据当年财政状况有所改变，与学生的学术和非学术表现无关。

2、州政府提供的经济资助（State Funds）

美国各州都设有不同类型的奖学金和资助项目，有些项目相当优惠，供申请本州大学的本州纳税居民的子女选择申请。各州的申请要求与过程都不相同，申请人若在美国居住，可关注本州的具体要求。

3、大学自己的资金（Institutional Funds）

美国许多大学，特别是私立大学都有一部分自己可以支配的基金，用于向学生提供奖学金，贷款和学生工作的报酬，以帮助学生解决一些大学费用问题。这些基金多来源于私人财团和校友对大学的捐赠。这部分资金的使用就较灵活，限制较少。大学可根据申请人的经济需求，或申请人的学术和非学术表现，以及某些特殊情况来决定向哪些学生提供经济资助。国际学生也可申请，这点很重要。

4、私人财团资金和其他来源（Private Organization Funds and other Sources）

这部分经济资助是由美国的一些著名大公司、各种基金会（如纪念基金、教育基金）、某种教会、各种社会团体以及一些民间组织提供的。这类资助大部分是以奖学金的形式出现，不要求申请人偿还。在审核申请人的申请资格时，多以申请人的专业类型、个人兴趣、年龄、族裔背景和宗教信仰等因素为主，不太限定申请人的学业成绩和家庭经济状况。有些资金，国际学生也可申请，只是大部分资助数额不多。

二、从经济资助发放的形式和对象来分类：

1、奖学金（Scholarships）

奖学金是一种不需要学生偿还的经济资助，一般分为以下几种：

1）奖励型奖学金（Merit-Based Scholarship）

此种奖学金是基于学生的学业成绩，文艺天分，体育特长等能力或通过课外和社区活动的出色表现而发放的奖学金，与家庭收入高低无关。

2）需求型奖学金 （Need Based Scholarship）

此种奖学金发放时是要审核申请人的家庭经济情况，家庭收入低于某种收入水平的学生才有资格获得而与学生的学业和非学业表现无关。

3）特定学生奖学金 （Student-Specific Scholarship）

此种奖学金对申请人有一定的要求，如申请人的性别、族裔背景、宗教信仰以及因战争或自然灾害的幸存者等等。如比尔盖茨的少数族裔奖学金，就是发给那些准备上大学的美国非洲裔，拉丁裔和太平洋岛屿上的少数族裔等等的优秀学生。

4）特定职业奖学金 （Career-Specific Scholarship）

此种奖学金是对学习某项专业而发放的奖学金，通常是社会需求量大的职业，如护士，教师等职业。

5）特定学校奖学金（College-Specific Scholarship）

此种奖学金是专门为申请某个大学并被录取的优秀学生提供的，申请人若想得到这笔奖学金就必须进此大学学习，若去其他学校念书则不能获得该奖学金。此类奖学金通常是由那种排名不太靠前但资金较充裕的学校提供，或是捐款人和机构向指定的某学校提供，奖学金的数额也很吸引人，常常会对优秀学生提供全额奖学金或减免学费（Full-Ride to the college，or for a reduced rate of tuition）.

学生获得这些奖学金虽不要求偿还，但对学生在接受奖学金之前和之后还是有一定要求的，如高中成绩 GPA 或考试成绩 SAT 要超过某些标准才有资格申请；得到奖学金后在大学的学业成绩 GPA 必须高于某些标准，学生在大学第一年必须保证学满若干学时，等等要求。还有，若接受某些奖学金可能还会有一定约束（Bond Requirement），如要求接受者承诺在毕业后要为某个指定的雇主工作，或者在某个边远地区工作一段时间，等不同约束和承诺，若接受者毕业后不能完成承诺，则可能会要求他们偿还所得的奖学金。

2. 学生工作，或称勤工俭学（Work-Study / Work Award）的报酬

大学为申请资助的学生提供一些工作机会，如助教（Teaching assistant）和助研（Research Assistant），学生在学习之余则需要按照学校的要求每周承担若干小时的辅助教学或研究工作，学校则根据学校的财力和学生承担的工作量对学生进行资助。如免去一半学费（Half Tuition Waiver），或学杂费全免（Tuition & fee Waiver）等等。一般来说申请读研究生的学生获得此类资助的机会较大，本科生很少，国际学生读本科则几乎没有这样的资助机会。

另外大学还向本校学生提供一些校内工作，如送报纸，整理图书、宿舍或计算机房值班等等，学生领取一定报酬，它也是资助的一种形式，本科生做此类工作的机会较多。

3. 学生贷款（Student Loans）

大学向学生提供低息贷款，由于贷款的利息很低，并通常要求学生在毕业后才偿还， 也算是一种形式的资助。美国某些私人银行也向国际学生提供贷款，但大都需要美国公民或永久居民提供担保才可借贷。

各大学提供给学生的经济资助，常常是以上几种资助形式的组合，被称之为经济资助包（Financial Aid Package）。有些资助的名称各校称呼不同，但资助内容不外乎这些。

第三节　如何申请大学资助

一、申请联邦政府提供的经济资助（Federal Programs）

申请任何联邦政府提供的经济资助，申请人都要填写一份由美国教育部设计的“免费申请表”（Free Application for Federal Student Aid，简称 FAFSA）。最方便快捷的方法是在网上填写，填好后由网上递交至相关部门予以分析评估。网址为：www.fafsa.ed.gov（美国教育部网站）。申请日期为每年的 1 月 1 日以后，申请截止期各校不同，请仔细查阅学校的资助信息。大约在递交表格后三个星期左右，申请人会收到一份称为“学生资助报告”（Student Aid Report，简称 SAR）的文件，与此同时，

你在申请表中指定的几所大学，也会收到相同的报告。报告根据你提供的各项家庭财政数据，给出你的 EFC 值供大学为学生提供资助时参考。一般情况下，申请人在每年的三、四月间便会得到通知，得知自己是否能够获得由联邦政府提供的资助。

二、申请大学自己的资助资金（Institutional Funds）

申请任何非联邦政府提供的经济资助——主要是大学自己的资金时，申请人除了要填写 FAFSA 表格外，还要填写一份前面提到的称为 CSS 的表格（College Scholarship Service Financial Aid Profile 简称 CSS PROFILE）。此表同样可以在网上填写与递交，网址为：http：//profileonline.collegeboard.com/index.jsp。申请日期同样为每年的 1 月 1 日以后，申请截止期各校不同，且填写这份表格是要付一定费用的。另外，根据需要，申请人可能还要填写一份所申请大学自己的经济资助申请表（即除了 FAFSA 和 CSS 两份表格以外的表格），以帮助该大学了解一些关于申请人的特殊情况。申请人除了要向大学提出明确的经济资助要求外，不要忘记向大学索取这份表格，填好寄回。另外要记住，申请资助的时间越早越好。

三、申请州政府提供的经济资助（State Funds or Grant Program）

最快捷的申请方法是直接进入州政府的教育官方网站，查询本州可提供的奖学金和资助项目，按照项目要求提出申请，申请人必须是本州按时付税的居民。

四、申请私人财团资金和其他来源（Private Organization Funds and other Grants）

由于美国联邦政府的经济资助和大学自己的经济资助金额有限，而申请的人多，僧多粥少。申请人即使获得了某些数额的经济资助，再加上家庭应支付的费用，时常还不能完全支付其大学的费用。因此要再想办法，另辟途径，争取申请得到其他各种私人财团的经济资助，如各种基金会、美国政府和双边机构、国际组织、申请者所在国的政府（申请人是国际学生）、组织和个人，多管齐下，以争取最多的援助来补足大学费用。

这类奖学金名目繁多，金额不等。有些只提供一部分学费，有的则包括所有的学费和生活费用。且有一部分对国际学生开放，但限制也颇多，找到适合自己申请资金很不容易。例如，

- 有的奖学金对申请人的国籍、年龄或性别有限制；
- 有的专门发给有运动特长的学生；有的要求学习某些专业才能申请；

· 有的要求必须是某个俱乐部或协会成员的子女，或是某个宗教团体成员的子女才有资格申请；

· 有的要求申请人必须在某个命题的论文比赛中获奖才可申请；

· 还有的要求申请人必须在某个地区高中毕业，或在某个地区上大学，或申请去某所特定大学念书才有资格申请等等。

并且大部分奖学金数额并不多，杯水车薪，一般只作为其它资助的补偿。这些私人财团或基金会大多有自己的联系网址，供申请人查询。申请人要想得到这些分布非常零散的奖学金，必须有耐心有恒心，花一定的时间和精力，付出努力，在因特网的大海洋里捞针般地一个一个去寻找，似乎没有什么捷径可走。

笔者认识一个优秀的美国女学生，高中时期申请大学时，她知道因其家庭收入低，若没有大学或其他来源的经济资助，家庭根本无法支付自己想念大学的费用。她向许多提供奖学金的团体提出了申请，最后以其优秀的高中学业成绩和表现，有创意的申请论文，获得了比尔·盖茨基金会提供的大学四年全额奖学金（Gates Scholarship），使她如愿以偿地进入 MIT 念书。美国有不少这样向优秀学生提供大学资助的私人财团和基金会，虽然最终能够从众多申请人中有幸被选中的人数很少，但花点气力去找找，天方夜谭般的神话就有可能变成现实中的美事。

五、申请录取和申请资助

申请录取和申请资助是两件不同的事。在这里主要讨论申请资助与被录取的关系，只谈大学本科生，不谈研究生，因为大学对大学本科学生和研究生的资助与否，考虑的因素不一样。申请美国大学本科资助时，有几个基本术语应了解清楚。

其一：录取时不看申请人的家庭经济条件，仅看表现来决定是否录取，即不看经济条件的录取政策（Need Blind），

其二：录取学生时可能要参考申请人的家庭经济条件的“需求敏感录取政策”，（Need-Sensitive 或称 Need-aware）

其三：录取后根据被录取申请人的经济需求来决定是否提供资助，即看经济需求的资助政策（Need Base）。

有些美国顶尖大学，在录取学生时有一项政策，即不考虑申请人（一般指美国公民）的家庭经济状况，无论他（她）是否提出申请联邦资助或奖学金，在录取时都要一视同仁，申请资助将不会影响到招生委员会对学生录取与否的决定。招生人员在审核申请材料，考虑录取某学生时，没有任何关于申请人家庭经济状况的信息，甚至不能到资助办公室（Financial office）去查阅申请人的家庭经济状况。无论是家缠万贯的富家子弟还是靠政府救济的低收入家庭子女，在申请大学时都站在同一起跑线上，招生人员只以他们的学业表现（即学生平时成绩、考试成绩和课外活动等综合表现）为主来考虑录取与否。一旦申请人被录取，学校再据申请人的家庭经济状况和经济需要数额 EFC，以及本大学的财政实力，向其提供全额或部分的经济资助（Financial Aid）。所以录取学生不看经济条件的录取政策和录取后按经济需求向学生提供资助的政策（need-blind admissions and need-based aid），主要是针对美国低收入家庭的学生而言，即大学录取学生不能以申请人家境的贫富，能否负担大学费用的因素来影响其被录取的决定。

在这种看需求资助政策下，美国顶尖大学中被录取的低收入家庭学生，几乎百分之百都能获得某种数额的经济资助；而被录取的高收入家庭学生，若其家庭收入高过学校设定给予资助的水平，那无论学生如何优秀，几乎都得不到资助（少数非常优秀的学生可能获得某些专项的奖学金 Awards 除外）。对被录取的学生是否提供资助和资助金额的数量，绝大部分仅以审核后的 EFC 为准。所以，若你在某顶尖大学遇见拿全额奖学金念书的 A 学生和没有奖学金自己支付学杂费的 B 学生，并不表明 A 学生就比 B 学生优秀，多数情况只能说明 A 学生家庭经济条件比 B 学生差些，家庭收入状况符合了学校可按家庭需求向其提供资助的条件。

虽然大部分美国好大学都表明本大学采用的是不看经济条件的录取政策，但大学能否对被录取的学生予以资助将有以下三种情况：

1. 此类经济实力很强的大学在不看经济条件的录取政策下，将向所有被录取的学生提供可以满足他们经济需求的资助，包括国际学生（The institutions that are need-blind admissions policy, and meet full-need for all student it admits including international students）。

例如，某大学的学杂费是四万美元，若被录取的某学生提出申请资助，经审核其家庭收入状况，该学生的“期望家庭支付的大学费用 EFC”为两万美元，那此大学将向这位学生提供余下两万美元的部分奖学金以满足其读大学的经济需求。若经审核，该学生的 EFC 为零，那此大学将向其提供四万美元的全额奖学金以满足其全部需求。哈佛大学 2004 年宣布，若被录取的学生家庭年收入在 4 万美元以下就可获得全额奖学金，学生家庭不必为其上学付任何费用，这就是哈佛著名的“零学费政策”。现在的标准提高到年收少于 6.5 万美元。但这类财大气粗的美国大学数量极少。

目前美国有六所顶尖私立大学，明确说明录取国际学生与录取美国本土学生采取一视同仁的“不看经济条件的录取政策”（Need Blind Admission），对已录取而需要资助的国际学生也可根据需求（Need Base Aid）向其提供全额资助（Meet Full Need），以保证大学能够从世界各地，录取到品学兼优的好学生。申请资助将不会影响到招生委员会对学生录取与否的决定，任何被录取的学生，无论是美国学生还是国际学生，学校都会根据被录取申请人的经济需求来决定是否提供全额资助。如前所述，这项资助主要是针对低收入的学生家庭而言，不包括学业奖学金或体育奖学金（academic or athletic merit scholarships）等等 .

这六所可对国际学生提供资助的大学是：

- Amherst College
- Dartmouth College
- Harvard University
- MIT
- Princeton University
- Yale University.

下面举例看看他们这些学校对资助的事宜是如何说的。

普林斯顿大学对国际学生的资助政策是：该大学是目前全美不限制对国际学生提供资助的六所大学之一。录取学生与否和他们的支付能力无关，并且如同美国学生一样，对已录取的国际学生，学校的资助将满足其全部需求。

（Princeton is one of only six schools nationwide that does not limit the financial aid available to international students. Admission is offered to students regardless of their ability to pay, and the full need of every admitted international student is met just as it is for U.S. Students. http://www.princeton.edu/admission/financialaid/financial_aid_faqs/）

又如：达特茅斯学院对国际学生的资助政策是：该大学是通过不看经济条件的录取政策来录取所有的学生，包括国际学校和转学学生，并满足所有被录取学生审核后的经济需求。达特茅斯学院资助办公室按学生的经济需求提供资助，并不提供学业、体育等类型的奖学金。（Dartmouth admits all students, including international and transfer applicants, through a need-blind selection process and meets enrolling students's full demonstrated financial need. Dartmouth's financial Aid Office provides need-based financial aid and does not award academic, athletic or merit scholarships. http://www.dartmouth.edu/admissions/apply/finaid.html）

也许正因为这几所学校的资金雄厚才能如此慷慨大方，全世界想在美国上学又无力支付的学子们都蜂拥而至地申请这些学校，使其学生录取率一再降低。若能被这些金光闪闪大名鼎鼎的学校录取且还能获得资助，真是三生有幸。

2. 但多数美国顶尖大学的经济实力未必充足，虽录取学生时也采取“不看经济条件的录取政策”，并向所有被录取的本国学生提供可以满足他们经济需求的资助。但对国际学生则采用录取时不仅要看其学业表现，还要参考其家庭经济条件，能否支付大学费用来决定是否录取的政策，即看经济条件的“需求敏感录取政策”（The institutions that are need-blind admissions policy, and meet full-need for U.S. Applications but need aware for international applicants），并在录取之后的资助也有些限制，以下给出几所不同要求的学校为例：（这些要求今后也许会有变化，列在这里仅供参考）

· 布朗大学（Brown University）

布朗大学在录取国际学生时会将他们是否需要资助的因素考虑在内，即需要资助的国际学生就有可能影响布朗大学对其录取与否的决定，但一经录取，学校也会100% 的满足他们的经济需求。（We will continue to consider foreign applicants on a need-aware basis, that is, Brown will take into account their financial need in making admission decisions. However, for those foreign applicants that we do admit, we will continue to meet 100% of their demonstrated financial need. http://www.brown.edu/admission/undergraduate/apply-brown/international-applicants）若国际学生在录取时没有得到学校的资助，那今后在校读书期间都不会获得资助。国际学生若认为他们在布朗学习期间有可能需要资助，那他们申请布朗大学入学之初就要申请资助，否则整个大学期间都不能再申请资助了（即大一没申请，那余下三年都不能再申请资助了）。并且如果你申请布朗大学入学时虽然申请了但没有获得资助，那就意味着，布朗大学审核了你目前的家庭经济情况，你不够资格获取资助，那以后无论家庭发什么变化，都不能再申请资助了。布朗大学对国际学生申请资助方面有诸多限制。

- 西北大学（Northwestern University）

西北大学明确说明其只能对很少量需要资助的国际学生提供经济资助，并且大学将申请资助的国际学生分开审核其申请资料（Northwestern University offers need-based financial aid awards to a small group of international students. Citizens of foreign countries who apply for financial aid will be reviewed as a separate group. http://www.ugadm.northwestern.edu/financial-aid/financial-aid-for-international-students.html）。另外，在录取国际学生过程中通常的选择因素仍起主导作用，但与录取美国学生不同的是，申请人需要资助的因素也是在最终录取决定时要考虑的。所以这种对国际学生的需求敏感录取政策(need – aware)和有限可用于资助的资金(the limited funds available)，使得西北大学对需要资助的国际学生录取率低于不需要资助的学生。并且只有在大一新生时申请并获得资助的国际学生才有可能在余下的几年里有资格继续获得资助。转学来的国际学生也不能获得资助。

- 芝加哥大学（Chicago University）

即使实力还算雄厚的芝加哥大学对国际学生的录取政策也是看经济条件的“需求敏感录取政策”。（In our admissions process, we must be “need–sensitive” for international candidates. This means that when reviewing international applications, University of Chicago takes into account whether or not an applicant has requested financial assistance. http://collegeadmissions.uchicago.edu/international.shtml）。在我们的招生录取过程中，对国际学生会采取“需求敏感录取政策”。这意味着当我们审核国际学生申请人时，芝加哥大学将申请人是否申请资助的因素考虑进去。

类似上述对国际学生录取时采取看经济条件的“需求敏感录取政策”，的学校还有一些，例如：

- Brandeis University
- Cornell University
- Stanford University
- Wellesley Colleges 等等

3. 而大部分美国顶尖大学则直接表明，虽录取学生采取“不看经济条件的录取政策”，但不能保证向所有被录取的学生提供资助，无论是美国本土学生还是国际学生。（The institutions that are need-blind admissions policy, but do not guarantee to meet the full demonstrated financial need of the students it admits no matter they are US applications or international applications）

其实据说有些顶尖大学，在审核录取无论是本国学生还是国际学生时，并不完全遵循“不看经济条件的录取政策”，此政策只对大部分申请人适用，而对那些处于被录取名单的底部，或曰处于录取和不被录取边缘的学生，甚至是考虑候补名单上的申请人时，招生人员不完全根据学生的学业表现来考虑录取与否，则可能会将他（她）们是否付得起学费或是否需要资助这一因素考虑进去。此时招生人员遵循的是参考其家庭经济条件来决定是否录取的“需求敏感录取政策”。在录取最后几名学生时，在学业表现基本相同的情况下，那种需要少量资助或自己能付学费的申请人，将会比需要大量资助的申请人更有可能被录取。所以，如果你是那种学业表现出色，又具有特殊才能，是大学非常想要的那种学生，即使你申请采用“需求敏感”录取政策的大学，也不必担心申请经济资助会对自己的录取有所影响；而那种本身竞争力就不强，又需要大量资助的申请人，能否被录取就完全要看运气了。

还有一些美国大学会提供某些完全根据申请人的学业表现提供奖学金（Merit-Based Scholarships），即大学以提供奖学金的形式来吸引好学生。此时，大学录取部分好学生时完全以学业表现为主，无论学生的家庭经济条件好差，都以奖学金的形式向其提供资助，其目的是将好学生吸引到本校来。某些奖学金的多少以学生的优秀程度来决定而与家庭收入无关。在这种情况下，家庭收入高的学生也可能获得资助。学校向那些最想要的最优秀的学生提供全额奖学金；向次一级优秀的学生提供半额奖学金；再次一级的学生奖学金再少一些等依次类推，申请人有点被待价而沽的感觉。

一般说来：

1）经济实力雄厚的美国顶尖大学采用的是对所有申请人都采用“不看经济条件的录取政策”和“看经济需求的资助政策”；无论你学业如何优秀，但家庭经济状况好（即不符合接受资助的条件）的学生，基本上都得不到资助。常常使一些被录取的优秀学生，虽家境尚好，但对全额支付四年大学的高昂费用勉为其难，有时也不得不放弃心中神往已久的一流大学而转向给其提供奖学金的二流大学。

2）经济实力不太雄厚的美国顶尖大学则是对部分申请人采用“不看经济条件的录取政策”，而对部分申请人采用“看经济条件的录取政策”的和“看经济需求的资助政策”。能得到资助的学生和资助金额显然要少于经济实力雄厚的学校。大学毕竟不是慈善机构，还要靠学费来支撑其开销。

3）而那些虽经济实力雄厚，各种排名不太靠前但整体声誉也不错的学校，以多招高质量的学生为目的，对学生“看表现”而发放的奖学金比例会大大提高。奖学金的数额也常常高得难以拒之，以此作为向一流大学争夺优秀学生的筹码之一，从而提高本校学生群体素质和学校声誉。

但无论美国各大学的经济实力雄厚与否，是一流还是二流大学，采取什么样的录取和资助政策，若遇到真正才华出众，有如爱因斯坦般再世可能的天才学子，无论是美国学生还是国际学生，即使是没有资格申请资助的学生，一般也会提供高额奖学金，争取将其“抢”过来而不会有所吝惜的。那种因获他校高额奖学金而舍去哈佛、耶鲁的例子时常听说。而这些申请人也要真功夫在身才有资格“被抢”。

4、申请资助的几种情况

在某些情况下，不申请资助学生的被录得机会要比申请资助的高。若是申请人的家庭经济状况不好，无力支付大学费用，那只能别无选择地在申请大学时同时申请资助。若申请人在家庭经济条件允许的情况下，可以大学录取的难易程度和自己想去意愿的强烈为准，参考选择以下的几种申请情况：申请入学时不申请资助，申请入学时申请部分资助，以及申请入学时尽可能多申请一些资助等方式。

1）只申请入学不申请资助

申请那些录取率很低，你梦寐以求非常想去，但心中无底能否被录取的美国顶尖大学时（即前面第三章所提到的具有学术挑战性的大学，或曰第一志愿的大学），只申请入学（Admission），不申请资助（Financial Aid），以增加被录取的机会。有些非常想去某名校念书的学生，为了提高自己与他人的竞争力，常常采用第一年申请入学时先不提出申请资助，争取拿到录取通知书。待入学后的第二年再向大学提出经济资助的申请。但这样做时有一点需要了解清楚，即该大学的资助政策规定在学生入学多久后才允许学生申请资助。有些资助政策宽松的学校，允许学生随时可以申请经济资助。而有些学校的资助政策要求严格，如前面提到的布朗大学（Brown）和西北大学（Northeastern）。虽然这些学校现在的资助政策是如此规定，但随着学校经济状况的变化，学校每年都会或松或紧地调整其资助发放政策。想得到资助的学生要经常核查想申请学校的资助政策，以便在申请时要对自己的家庭经济实力，即能够支付多长时间的大学费用和被录取的机会大小有一个较合乎实际的估测。

2）申请入学时申请部分资助

申请那些录取率较高，对自己被录取比较有把握且比较喜欢的学校时（即前面所提到的合适性大学 Fit Schools），可提出申请部分经济资助。

3）申请入学时尽可能多申请一些资助等方式

以你目前的学业成绩，申请那些被录取的几率极高的大学时（即保底的学校），可申请资助并适当提高申请资助的金额。对于这些学校而言，你是他们希望录取的好学生，所以能够得到资助的机会也许大些。

对那些虽然提出申请但没有得到经济资助，却得到美国大学录取通知书的国际学生，如果家庭经济情况允许，可以自己先支付第一年的大学费用。入学后，由于学生已在该校读书，就有许多便利条件详细了解本大学对外国学生的资助政策，并可通过多种渠道获取许多以前在海外得不到的经济资助信息；有可能在入学第二年或第三年时获得某些学校的资助，或转学进入其他可提供资助的学校。若学生的成绩优秀，获得资助的机会就更大些。这里谈的都是一般原则，仅供参考。特殊情况则另当别论。

简而言之，外国学生申请美国大学时，由于没有美国公民的身份，不能申请美国联邦政府对美国低收入家庭学生的学费资助（Federal funds），只有申请大学自己的助学资金（Institutional Funds）；而各大学用于资助国际学生的资金非常有限，有些学校没有足够的资金去资助那些他们想录取但又需要资助的国际学生。有时即使能给一部分国际学生资助，也不可能都是全额奖学金，并且不同的学校对国际学生的资助政策也不一样。所以在录取外国学生时，无论申请人的学业如何，学校首先考虑的事情就是该学生是否付得起上学的费用。而国际学生最终被分为两类，一类为需要学校资助的学生，另一类为不需要资助的学生。国际学生若申请资助，则将把自己放入一个竞争非常激烈的申请人群体之中，且与不申请资助的其他国际学生相比处于不利的位置。大学在全面权衡，相比之下，那些既优秀，又可以自己负担大学费用或需要少量资助的学生，被录取的可能性就大一些。前些年由于中国的人均收入较低，许多申请美国大学的中国学生都需要申请经济资助，所以最后未被录取的原因，很可能是经济原因。美国大学可能会不录取那些需要资助而大学又不能为其提供资助的申请人，即使是那些很想录取的优秀学生，也只能忍痛割爱，予以拒绝了。除非你非常优秀且运气极佳的国际学生，要想与交了那么多州税和联邦税的美国学生在大学资助时分一杯羹，并非易事。但近年来有所不同，人民币大幅升值，大凡有想去留学的中国学生许多都有强大的家庭经济条件做后盾，能够付得起得起那些在美国中产阶级家庭看来都是负担很重的大学学费。

六. 国际学生申请资助

虽然大学对于国际学生申请经济资助时审核严格，分配资金数额有限，申请有一定难度。但也不要知难而退，在申请资助时可从以下几个方面考虑：

1、申请经费充足的美国一流大学

如前所述，美国的顶尖大学给学生提供的资助，绝大部分以申请人的经济需求

（need based）为准，只有少量的资助是以“奖学金”（Grants or scholarship）的形式提供给那些极具天赋，学业上很有潜力或非学术表现非常突出的，大学非常想要的学生。因为申请这些顶尖大学的学生，可以说几乎个个优秀。大学很难确定应向谁提供这种以表彰性质为准的奖学金。对于那种才华出众学业特别优秀国际学生，若确实因为经济原因而需要资助，虽然不能申请美国政府提供的经济资助，但可尝试申请那些真正具有经济实力的名校，也有希望（虽然希望非常小）获得大学用学校自己掌握的那部分资金向贫困学生提供需求资助。这些名校的资助理论之一是利用这笔钱来资助全世界最聪明或最有发展潜力的学生在这里接受高等教育，使他们将来有机会有条件发挥自己的聪明才智，造福于社会。而这些聪明且努力的优秀学生们又最有可能干大事业，挣大钱。一旦他们将来事业成功富裕了，无论当年是否接受过资助，他们当中的许多人都尽其能力地捐款回报母校，使母校有经济实力做后盾得以进一步的发展，还可以继续资助全世界像他们一样的其他穷学生。

这样的例子很多，仅以麻省理工学院 2004 年 5 月奠基落成的电工程与计算机科学系（The Department of Electrical Engineering and Computer Science，缩写为 EECS）实验中心为例。

为建造这座由著名建筑师法兰克•格利（Frank Gehry）设计，总投资为 2.85 亿美元，建筑面积约为 6.7 万平方米的一组楼群，MIT 的众多校友们为其提供了大量的捐款。其捐款 100 万美元以上的主要捐款人中，除比尔・盖茨外，全部为 MIT 校友，其中：

1）雷・斯塔塔（Ray Stata），1957 年毕业生，获得 MIT 电机工程系硕士学位，Analog Devices 公司的创立人之一，捐款 2,500 万美元，是 MIT 建校以来所收到的最大一笔用于建筑的私人捐款。实验中心的整体楼群就是以斯塔塔夫妇的名字“雷和玛利亚・斯塔塔”而命名的 Ray and Maria Stata Cneter，简称“斯塔塔中心”。

2）比尔・盖茨（Bill Gates），微软公司创立人，捐款 2,000 万美元，斯塔塔中心的计算科学实验室（Laboratory for Computer Science，缩写 LCS）就命名为“比尔•盖茨楼——William H. Gates Building。

3）亚历山大・德瑞福斯（Alexander W. Dreyfoos. Jr.），1954 年毕业于 MIT。The Dreyfoos Group/ Photo Electronics Corporation 公司的创始人和董事会主席，捐款 1,500 万美元。斯塔塔中心的人工智能实验室（The Artificial Intelligence 缩写为 AIL）就命名为亚历山大楼——Alexander W. Dreyfoos Building.。

4）Steve Kirsch，1980 年毕业生，获得 MIT 电机工程系硕士学位。著名网站 Infoseek 的创始人和董事会主席，捐款 250 万美元。斯塔塔中心内 350 席座位的会议大厅是以 Kirsch 夫妇的名字命名的——Steven and Michele Kirsch Auditorium。

这些为斯塔塔中心捐款的企业家们确实是MIT校友中的佼佼者，在事业上的成功，使他们有足够的经济实力来支援母校的建设和发展。他们一致认为，今天所取得的成绩得益于当年在MIT所受到的教育、获取的知识、创业的理念、奋斗的精神和环境的熏陶等等，并为自己能回报母校而感到欣慰。

雷·斯塔塔先生说，我非常感谢MIT为我所做的事情，使我对幸福多彩的生活作好了准备。学校对我进行了投资，现在，我用利息来回报学校，使将来的学生能够像我当初一样从MIT的教育中受益。

德瑞福斯先生说，在我父亲去世后，我需要向MIT借钱以完成学业，我很幸运地得到了MIT的资助。我给MIT捐款，不仅仅是我对MIT的回报，当我到了现在的年龄，我意识到生命不是永远的，若在生命结束时才将我的礼物赠给学校，我将看不见它所产生的影响。我愿意为学校重大的项目做些事情并享受参与过程中的快乐。能够为斯塔塔中心作出贡献，确实对我意义重大。在MIT，只有聪明的学生而没有歧视。

Krisch先生说，我以感谢的形式回报MIT，不必因为MIT为我做了什么，而是为MIT的教育发展和将来的学生，是对社会的礼物。我知道在新建筑中增强协作机会将会促进发生重要的事情，知道我会在其中扮演一个小角色而感到满足。

斯塔塔中心是由12座约36米高的，向不同方向伸展的塔楼组成的，这群建筑，打破了以往为学校设计中规中矩的建筑形式，各塔楼的侧立面变化多端，窗户有的凹进，有的凸出，有的板块甚至悬挂于墙外，塔楼周围有六至七座形状各异的小型建筑将其互相连接，使各楼之间互相嵌入，互相依附，远远望去，像一群喝醉了酒的大卡通人似的东倒西歪地挤在一起互相嬉闹。似乎在向人们传达了一种理念：科学研究与发明，不仅仅是艰苦的劳动，其间也充满了愉悦和乐趣。塔楼群的颜色也丰富多彩，淡蓝、砖红、银白等各色相间，从不同的角度望去，在阳光的闪烁下变幻着颜色。整个中心的建筑群体呈现给人们一种欢快明亮的格调。中心内部的装饰更是别出心裁，不拘一格。圆柱形、长方形、锥形和三角形等各种几何形状的承载转接结构随处可见，像一堆堆大型的玩具积木供MIT里的大孩子们去玩耍。

建筑师以他魔术师般变幻的设计手法，展示着他天才的创意，传达着他对MIT这所孕育着世界上最优秀科学家和工程师的学校的感受和理解，捧出一座座异想天开的造型，像是发出各种高低强弱不同，刚柔快慢不一的音符，将骄傲的、谦和的、自信的、失落的、活跃的和平缓的等种种情感从各个层面和角落中释放出来，把MIT校园中的喜怒哀乐，甜酸苦辣展现得淋漓尽致。这确实是一部倾注心血之作，并在MIT这所闻名遐迩的学校里体现了它如此鲜活的生命力。

斯塔塔实验中心建在EECS系的旧址之上，旧楼是建于第二次世界大战时的临时建筑。在那里，MIT 的工程师发展了雷达的应用，为赢得战争建立了不可磨灭的功勋。MIT 一直在计划扩大和发展这个实验中心而筹措资金，如今在校友们慷慨援助下，终可如愿。中心将计算机科学实验室、人工智能实验室、信息和判断系统实

MIT 校园内机电工程与计算机科学系的斯塔塔实验中心，这座建筑群的设计建造是尖端科学的体现，它奇特的建筑风格，复杂的结构设计，采用的先进材料和内部一流的实验设施，反映了 MIT 总要站在科学研究前沿的创新精神。

验室用计算模型来研究语言学习和处理过程的语言和哲学系，以及大脑和认知学系的一部分，这些与计算机学科相关的各院系集于一地，并设计了大小不一的各种教室、会议室、讲演厅、餐厅和休息室等大量的公众区域，使学校中各学科的教师，学生和研究人员有机会在这里相遇，谈论，交换着各自领域里的新问题、新概念，促进他们之间的学术交流，以撞击出新的思想火花，产生新的突破和发展，MIT 的师生都非常喜欢这里。

相信凡是见过斯塔塔中心这组建筑群的人，都会对它极具个性的设计而印象深刻，都会有自己的不同感受。这座建筑群本身的建造就是尖端科学的体现：它现代化的建筑风格、复杂的结构设计、采用的先进材料和内部一流的实验设施，反映了 MIT 总是要站在科学研究前沿的创新精神。相信这座实验中心的建立，将会对 MIT 今后教学与科研的发展起到无可估量的推动作用。一般的人站在它面前都不免浮想联翩，更何况那些每天从这里经过，或在里面学习研究的精英学子们，不知哪天，哪一块造型，哪一次研讨会，会触动他们中间什么人的神经，会突发奇想地产生某种新理论、新发明而不足为怪。

大学以自己培养教育出来知识精英，政坛骄子以及为社会的繁荣昌盛而作出应有贡献的各路明星为傲，而他们也以自己赫赫有名的母校为荣，这真是一种双赢的高效益智力投资。像前面提到的哈佛、普林斯顿和耶鲁这些据说是美国最具经济实力的大学中的几所，每年不仅向被录取的本国贫困学生提供大量经济资助，也向为数不少的家境不佳，但学业优秀的外国学生提供了慷慨的资助，只要这些名校录取了你，他们会尽可能地向你提供各种不同类型和数额的奖、助学金，帮助你完成学业。

所以话题又回到前面，即如何做才能被他们录取是所有问题的关键。如何才能让这些经济实力雄厚的大学被你的才华学识所吸引，认为你就是那种聪明而有潜力的学生，是值得他们花钱培养的人才。虽然能够获得美国大学提供资助的国际学生数量极少，会有相当的难度，但确是一件应该尝试的事情。对于许多中国学生而言，在申请学校方面，最大的问题不是学业不够优秀，而是自信心不足。特别是那些有特长但又需要资助的优秀学生（例如奥林匹克大赛获奖，或无论哪一项科目全国竞赛获奖，或具有某种艺术才能、领导才能等等），若真有要去美国念书的想法，笔者认为，一定要试试申请一些美国的顶尖大学。不要被名校的名声所震惑，不要为无力支付那些看起来似天文数字般高昂的学费所担忧而裹足不前；不要放弃去尝试你可能会有的机会。你若不站出来向他们亮相，幸运之神如何看见你并向你招手呢。如果连付申请费都有一定困难，申请时可提出请大学免除其申请费。

2、申请那些为提高学校声誉和本校学生群体素质而有意向优秀学生提供经济资助（包括奖学金），并且经费很充足的其他大学和文理学院

前面提到，有些虽整体学术声誉不在前列但某些专业很强的大学，他们没有那些顶尖大学那种仅凭自身扬名海外的学术声望和研究实力就能招收到高质量学生的优势，但有其经费较充足的优势。申请此类大学的申请人之间差异范围较大，大学为了能留住那些优秀学生，以提高本大学的学生群体素质，可以不考虑他们的家庭经济状况如何，而用这部分可以自己支配的资金向这些优秀学生提供奖学金（Merit Scholarships and Non-Need-Based Awards），国际学生也可申请。最典型的一个例子是佐治亚州的艾莫瑞大学（Emory University），该大学由于资金充足，不惜花重金聘请各方一流教授，迅速提高学校的教学和学术研究质量，并以对优秀学生提供奖学金的方法，吸引了大批的好学生申请此校。使这所原在高校中表现平平的南部区域性大学，在短短的几年里一跃跻身于全美最好的大学之列（《美国新闻与世界报道》杂志 2015 年排名第 21 名）。

3、申请某些名目的专项奖学金

有些大学不仅提供以满足学生基本需求的经济资助，还向优秀学生或在某一方面表现突出的学生提供专项奖学金。如据学习成绩优秀而授予的奖学金，或运动员奖学金，即根据学生在体育方面的出色表现而授予的奖学金。另外还有艺术奖学金、建筑学奖学金、女工程师基金会奖等等。国际学生若有某些方面的特殊才能，也可申请。请见下面给出的网站。

4、申请私人财团资金和其他来源的经济资助

获得这部分资助就要靠碰运气了，但也值得花时间去网络上碰碰。

5、申请某些公立学校

美国的公立大学虽然很多，但富大学与穷大学之间的经济状况也差距相当大。国际学生可以选择申请那些不仅教学质量和学术研究方面都很好的公立大学（如前面提到有“公立常青藤”之称的顶尖公立大学），且要有经济实力的公立大学申请。有些公立大学对外州和外国学生的收费虽然比本州的学生贵，但较之私立大学却便宜很多。有许多公立大学都向外国学生提供少部分经济资助。

另外，美国还有些招不来学生或交钱就可被录取的大学，也许会提供些奖学金来吸引学生，这些学校的教学质量不得而知，申请人要多多慎重。

6、介绍某些有可能为国际学生提供奖学金和助学金，或贷款的网站

以下列出一些提供奖学金和各种资助信息的主要网站供参考，其中既有适合美国学生也有适合国际学生申请的奖学金。查找时，请先阅读奖学金项目内所列出的申请资格和条件，若符合，可直接发 Email 联系申请。网站提供的内容仅供参考，笔者不对网站的真实可靠性和内容改变负责，请读者谨慎查询。并请注意网上骗子，凡是让你先交费再提供信息者均要警惕。

名称	网址
Institute of International Education（IIE）	http://www.iie.org
Funding for US Study	http://www.fundingusstudy.org/
InternationalStudent.com	http://www.internationalstudent.com/study_usa/financing/
EducationU.S.A	http://www.educationusa.info/pages/students/finance.php
International Education Financial Aid（IEFA）	http://www.iefa.org/
The International Scholarship Search	http://www.internationalscholarships.com/search
eduPASS	http://www.edupass.org/finaid/
Fastweb	http://www.fastweb.com/
ScholarshipExperts.com	http://www.scholarshipexperts.com/
BMI Student Awards	http://www.bmi.com/foundation/
International Student Voice	http://www.isvmag.com/scholarship
International Student Loan Center	http://www.isoa.org
Fin aid	http://www.finaid.org.

无论是国际学生来美国学习，或是美国学生想去国外读书，都可从以上这些网站中找到各种不同类型的奖学金、助学金、助学贷款等大量的有用信息。但能申请到资助的概率很低，申请人要有极大的耐心去寻找。有些基金其网站还在，但资金有可能用完了。有些奖学金虽然不多，但若多申请些也可积少成多，就看申请人的危机感有多重，愿付出的精力与努力有多少。

也许因为中国人现在有钱了，也许因为来美国读大学的中国学生愈来愈多，从美国大学拿到奖学金或其资助读大学本科的可能性很小。目前去美国读大学本科的中国学生，大部分都是自掏腰包地支付这些高额学费。难怪有报纸撰文惊呼中国学生的留学是“金钱铺就美国大学路”。正因如此，笔者才在这里煞费苦心地用许多篇幅来介绍各种有可能得到一些留学资助的方法和信息。但也许这些用心搜寻的信息，对某些家境富裕的学生来说不屑一顾。即使现在的人民币升值，即使有许多中国家庭财富殷实完全担负得起这笔每年好几万美元的高额大学学费，也不排除有些勉为其难的中国家庭，父母即使自己勒紧裤腰带，没有砸锅卖铁（因为不值钱）也许会卖地卖房（如果有）地满足孩子留学的愿望。即便家长们如此付出，还被某些不知足的孩子认为是理所当然，或曰满足了其父母当年不能实现的愿望。有些学生很自我（当然是少数学生），认为留学学业并不重要，首先是要自己的生活质量不能降低和生活内容的多彩。有时为了能与富有的同学为伍，明明家境并不宽裕，却在留学期间也要经常下馆子买名牌；为自己出游有名而冠之以开阔眼界广交朋友，堂而皇之地向父母伸手。甚至有闻某些家庭条件并不宽裕的的学生，为了想留学而逼着父母去卖房借贷，甚至还发生要钱不成拔刀相向这种让人唏嘘不已的事情。这样将父母一辈子的积蓄耗尽而满足自己所谓的学业也好虚荣也罢的留学还是免了吧。

现如今不知有多少学生愿意花时间去细细查找资助信息。肯如当年的老留学生们为申请到奖（助）学金使出三头六臂的本领（也许因他们没有后盾可依而无退路），用他们蹩脚的英文多方联系；将北京图书馆内仅有的一本 Peterson Guide 翻到残缺不全。翻开一张美国地图，将那些大城市和海岸线边的热门大学排除（他们不是没有才学去名校，而是名校给资助的名额太有限且申请的人又多），而在那些边远地区寻寻觅觅；看看哪个美国大学可有否机会提供个一金半银的资助，才能使留学的心愿有些希望。伸不到奖学金或助学金的人则会利用一切寒暑假含辛茹苦地去打工挣学费。那时美国大城市的餐馆中，端盘子的多见中国留学生，而如今餐馆中见到大吃大喝的中国学生也请不要少见多怪，中国大概真的是富有了。虽然现在“想当年”不是人人都爱听的话题，但写到这里还是不由得感慨一番。

第四节　美国最有价值的大学

前面的所谈理论多一些，本节将提供些数据来提供参考。下面将一些杂志列出的学校费用进行比较，使读者有一点直观的了解。

一、大学费用比较

1. 哈佛大学与波士顿大学

美国顶尖大学和许多私立大学收费确实昂贵，但不要简单地以为收费贵的学校就一定好。大学名气固然重要，但学费也不是可以忽略的问题。最贵的学校不一定是最好的学校，花钱少也不一定得不到高质量的教育。以下面两所学校相比较：

大学名称	2015 学年《美国新闻和世界报道》杂志排名	2014–2015 学年录取率	2015 学年学费（未包括其它费用）
哈佛大学（Harvard）	2	5.8%	$43,938
波士顿大学（Boston University）	42	36.9%	$46,664

哈佛大学与波士顿大学同坐落于马萨诸塞州波士顿市的剑桥地区，隔着一条美丽的查尔斯河互相遥望。若从学术声誉的角度来看，哈佛自然不用说，能与之相比的学校不多。这里要比较的是学费，哈佛想要的学生未必都付得起学费，而付得起学费的学生哈佛未必会录取。波士顿大学在总体声誉上虽不及哈佛但确开出比哈佛还高的学费，是一所很好的综合性大学。有些学院和专业非常不错，且录取率较高，相对较容易进入。那些经济富裕的美国家庭愿意每年花几万美元将孩子送入这样声誉较好的私立学校，而不去选择那些收费便宜的公立大学。这样波士顿大学就有一定的资金向他们希望录取的优秀学生提供奖学金（scholarship，不用偿还的奖学金）。笔者认识的一位优秀学生，其家庭收入高于美国联邦政府为学生提供大学资助而限定的家庭收入数额，没有资格获得学校按需求（Need Base）为学生提供的资助。她申请波士顿大学后，虽然没有申请资助，但波士顿大学为了吸引好学生来本校念书，也以减免一半学费的形式向她提供了奖学金（Merit Scholarships）。所以波士顿大学虽与哈佛隔岸相邻，名气又差些，可学费定得比哈佛还高也许自有其道理。因此付同样的学费，选择的对象可能会有很大的不同。

2. 最贵的大学与最便宜的大学

美国的私立大学与公立大学费用差许多，但私立大学之间也相差甚远。下面以《美国新闻和世界报道杂志》杂志列出的最贵和最便宜的费用为例供参考，申请人可估量一下留学的费用大致能在一个什么范围之内。

2014–2015 年度美国收费最贵的私立大学

学校名称	2014–2015 年度学杂费	美国新闻和世界报道杂志 – 2015 版排名
Columbia University （NY）	$51,008	全国综合大学排名第 4
Sarah Lawrence College （NY）	$50,780	全国文理学院排名第 59
Vassar College （NY）	$49,570	全国文理学院排名第 11
Trinity College （CT）	$49,056	全国文理学院排名第 45
Carnegie Mellon University （PA）	$48,786	全国综合大学排名第 25
George Washington University （PA）	$48,760	全国综合大学排名第 54
Oberlin College（OH）	$48,682	全国文理学院排名第 23
Tufts University （MA）	$48,643	全国综合大学排名第 27
Harvey Mudd College （CA）	$48,594	全国文理学院排名第 15
Bard College at simon's Rock （MA）	$48,551	北部地区文理学院排名第 12

2014–2015 年度美国收费最便宜的私立大学

学校名称	2014–2015 年度学杂费	美国新闻和世界报道杂志 – 2015 版排名
Berea College （KY）	$870	全国文理学院排名第 69
Brigham YoungUniversity-Provo （UT）	$5,000	全国综合大学排名第 62
LeMoyne-Owen College（TN）	$5,450	南部地区文理学院排名没有公布
Rust College （MS）	$9,286	文理学院排名没有公布
Tougaloo College （MS）	$10,210	文理学院排名没有公布
Amridge University（AL）	$10,305	文理学院排名没有公布
Philander Smith College（AR）	$10,490	南方地区文理学院排名第 43
Life University（GA）	$10,500	文理学院排名没有公布
Blue Mountain College（MS）	$10,534	南方地区文理学院排名第 23
Alice Lloyd College（KY）	$10,980	南方地区文理学院排名第 29

二、花钱上哪所大学最值

本书第一章曾提到过，美国有众多报刊杂志和评判机构，采用不同的评判方法为美国大学排名次。其中最具权威性的排名是《美国新闻和世界报道杂志》（*U.S. News & World Report*），以学校的学术声誉为主所评估的名次。而 Kiplinger's 杂志在 2013 年初，以经济的角度，并以近年的大学费用和其它与之相关的数据为参考，从各大学的收费金额、资助情况、教学质量、学生毕业后的收入，以及学生上大学付出与回报的比值等方面进行比较，评选出全美最具价值的 100 所私立大学和 100 所公立大学，通俗地讲，就是比较一下花多少钱上哪所大学最值。

本节将 Kiplinger's 杂志评选出的部分全美最划算的私立大学和公立大学，与《美国新闻与世界报道》杂志选出的部分全美最划算的综合性大学和文理学院一同列在本节供申请人参考。因两本杂志的评选标准和数据等资料不同，所以，某些大学在名次上差距很大

表 1 为《美国新闻与世界报道》杂志评选出 2014 年 20 所最划算的综合大学
表 2 为《美国新闻与世界报导》杂志评选出 2014 年 20 所最划算的文理学院
表 3 为 Kiplinger's 杂志评选出 2013 年 20 所最划算的私立大学
表 4 为 Kiplinger's 杂志评选出 2013 年 20 所最划算的公立大学

排名是一件众口难调的复杂事情，这些排名也与其他排名一样会顾此疏彼，因有这方面或那方面因素考虑不周而有争议，但作为参考信息则足矣。虽然排来排去似乎总是那些学校榜上有名，但考虑的角度不同，得出的数据不同，从排名表里列出各大学近年为学生提供资助的金额、人数、比例等数据中，读者可以分析出如前所述的哪些大学经济实力较雄厚，哪些实力差些；对什么样的学生提供的奖学金多，对国际学生提供资助的机会大小等信息。

表 1：《美国新闻与世界报道》杂志评选出 2014 年 20 所最划算的综合大学

（Best Value Schools-Universities by *US News 2014*）

排名 Rank	学校名称（School）	学生按经济需求所获资助的百分比（Percent receiving need-based grants）	学生按经济需求所获资后的平均费用（Average cost after receiving grants based on need）
#1	Harvard University	59.50%	$15,486
#2	Yale University	54.00%	$16,205
#3	Princeton University	58.90%	$17,614
#4	Stanford University	49.70%	$18,593
#5	Massachusetts Institute of Technology	57.70%	$19,957
#6	Columbia University	49.90%	$20,435
#7	California Institute of Technology	52.40%	$21,551
#8	Dartmouth College	49.70%	$21,587
#9	Cornell University	47.40%	$21,849
#10	Brigham Young University-Provo	37.50%	$12,367
#11	Vanderbilt University	44.40%	$21,313
#12	Duke University	43.00%	$22,988
#13	University of Chicago	44.50%	$23,797
#14	Rice University	42.40%	$20,672
#15	Brown University	42.00%	$22,039
#16	University of Pennsylvania	44.20%	$23,552
#17	University of North Carolina-Chapel Hill	42.10%	$19,488
#18	Texas A&M University-College Station	65.60%	$18,208
#19	Emory University	45.80%	$24,347
#20	Johns Hopkins University	40.90%	$26,744

表 2：《美国新闻与世界报导》杂志评选出 2014 年 20 所最划算的文理学院

（Best Value Schools-National Liberal Arts Colleges by *US News 2014*）

排名 Rank	学校名称（School）	学生按经济需求所获资助的百分比（Percent receiving need-based grants）	学生按经济需求所获资后的平均费用（Average cost after receiving grants based on need）
#1	Amherst College	55.00%	$16,286
#2	Barnard College	37.80%	$12,282
#3	Williams College	53.10%	$19,251
#4	Pomona College	54.50%	$18,249
#5	Soka University of America	86.20%	$17,861
#6	Vassar College	59.70%	$19,470
#7	Grinnell College	71.40%	$20,334
#8	Wellesley College	58.50%	$20,771
#9	Swarthmore College	51.40%	$20,839
#10	Washington and Lee University	41.40%	$18,241
#11	Haverford College	48.30%	$20,142
#12	College of the Atlantic	84.60%	$18,156
#13	Bowdoin College	46.80%	$21,708
#14	University of Richmond	42.70%	$19,307
#15	Macalester College	71.70%	$24,029
#16	Middlebury College	39.10%	$21,655
#17	Colgate University	35.40%	$19,457
#18	Smith College	59.70%	$23,259
#19	Claremont McKenna College	41.40%	$22,287
#20	Hamilton College	46.50%	$22,479

表 3：*Kiplinger's* 杂志评选出 2013 年 20 所最划算的公立大学
（*Kiplinger's* Best Values in Public Colleges，dated October 2013）

排名 Rank（in-state）	学校名称 School Name	学校所在州 State	本州学生每年大学总费用 Total cost per yr.（in-state）	本州学生获资助后的费用 Cost after need-based aid（in-state）	外州学生每年大学总费用 Total cost per yr.（out-of-state	外州学生获资助后的费用 Cost after need-based aid（out-of-state	学生毕业时的平均贷款 Avg.debt at graduation
1	University of North Carolina at Chapel Hill	NC	$18,609	$6,035	$39,361	$26,787	$17,525
2	University of Virginia	VA	22,645	5,464	48,597	31,416	20,951
3	University of Florida	FL	16,593	8,740	38,870	31,017	16,841
4	College of William and Mary	VA	23,950	11,841	47,724	35,615	20,835
5	University of Maryland, College Park	MD	19,931	12,499	38,310	30,878	24,180
6	University of California, Los Angeles	CA	26,888	10,229	49,766	33,107	18,814
7	New College of Florida	FL	16,181	7,674	39,210	30,703	14,172
8	University of California, Berkeley	CA	29,049	12,835	51,927	35,713	17,116
9	SUNY Geneseo	NY	18,519	14,047	27,769	23,297	21,000
10	University of California, San Diego	CA	26,632	10,157	49,510	33,035	19,936
11	University of Michigan	MI	23,794	11,606	49,922	37,734	27,644
12	Binghamton University（SUNY）	NY	21,091	14,312	30,241	23,462	22,634
13	University of Wisconsin - Madison	WI	19,654	13,430	35,904	29,680	24,140
14	University of California, Santa Barbara	CA	28,374	11,151	51,252	34,029	18,627
15	University of Georgia	GA	19,660	11,511	37,870	29,721	18,569
16	University of California, Irvine	CA	27,528	11,659	50,406	34,537	18,719
17	University of Washington	WA	23,387	10,587	40,942	28,142	20,608
18	Texas A&M University	TX	18,178	8,618	34,708	25,148	22,716
19	Truman State University（Mo.）	MO	15,720	8,950	21,456	14,686	20,777
20	James Madison University	VA	18,314	11,404	32,302	25,392	22,128

表 4：*Kiplinger's* 杂志评选出 2013 年 20 所最划算的私立大学
（*Kiplinger's* Best Values in Privet Universities，dated Oct 2013）

排名 Rank	学校名称 Name	学校所在州 State	每年大学总费用 Total cost /Yr	按需求的平均资助 Avg-need based aid	不按需求的平均资助 Avg-non-need based aid	不按需求而获得资助的百分比 % of non need based aid	毕业时的平均贷款 Avg debt at graduation
1	Yale University, New Haven	CT	$58,550	$43,115	$0	0%	$10,742
2	Princeton University, Princeton	NJ	56,395	35,664	0	0	5,096
3	Rice University, Houston	TX	52,741	31,820	12,068	26	18,133
4	Harvard University, Cambridge	MA	57,497	40,950	0	0	13,098
5	Duke University, Durham	NC	59,578	37,507	54,637	7	19,506
6	Columbia University, New York	NY	62,807	41,207	0	0	NA
7	Stanford University, Stanford	CA	57,911	39,897	14,010	0†	18,833
8	Massachusetts Institute of Technology, Cambridge	MA	57,242	35,993	0	0	20,794
9	California Institute of Technology, Pasadena	CA	55,368	34,831	0	0	15,090
10	University of Pennsylvania, Philadelphia	PA	60,002	36,048	0	0	21,190
11	Vanderbilt University, Nashville	TN	59,132	38,577	24,788	18	17,349
12	Brown University, Providence	RI	58,636	36,541	6,349	0†	23,521
13	Dartmouth College, Hanover	NH	61,669	40,342	0	0	17,825
14	Emory University, Atlanta	GA	57,568	33,833	21,047	6	27,737
15	Cornell University, Ithaca	NY	59,887	35,752	0	0	20,490
16	Johns Hopkins University, Baltimore	MD	61,002	33,476	30,898	2	23,092
17	Georgetown University, Washington	DC	60,016	34,307	NA	NA	25,540
18	University of Chicago, Chicago	IL	63,607	37,593	11,440	20	23,930
19	Washington University in St. Louis, St. Louis	MO	59,758	31,295	6,072	17	22,681
20	Tufts University, Medford	MA	59,580	31,716	500	3	23,068

http://www.kiplinger.com/tool/college/T014-S001-kiplinger-s-best-values-in-private-colleges/#ihihAgzjsgHTHWzk.99

注：表中列的总费用为学费加其他杂费的总和

结束语

写了这么多，原来是想写的越具体可能会更有参考价值，但又觉得并不如此，也许都是些泛泛之谈。想去美国念书的人很多，想法也不一样。每个人的兴趣爱好，家庭背景，学习目的和经济能力各有不同，聪明才智，处事能力和出国机遇各有差异。在诸多因素的影响下，每个人的出国留学之路都可能异于他人。

而许多高中学生，从未认真地考虑过自己应该在哪里接受高等教育，是否出国留学全凭父母安排。若想去美国念书，不仅要了解清楚美国的大学教育是怎么一回事，还要分析一下自己的才智水平和适应能力，无论你优秀与否，到底是否适合前行？有的人非常适合美式启发教育的那种宽松式的环境，在那里如鱼得水；有的人却只习惯那种灌输式教育方式，不善于自我闯荡，出国留学虽不至于如履薄冰，但也日子过得忧郁伤感。去美国留学既不是目标，也不应是赶时髦，而应是走一条适合自己的路。适则行，不适则罢。

中华民族素以重视教育而著称。做父母的无论贫富，在孩子教育花费上从不吝啬，倾其所有也要送孩子去读最好的学校，受最好的教育（只要孩子能够进入最好的大学）。美国大学虽然是致力于高等教育的机构，同时也是获取利润（收取学费）的企业，即使是最负盛名的学校，也要靠校友捐助，私人财团赠款和最主要的收入——学生学费来维持其学校的运作。现在随着中国经济的快速发展，一部分人具有了负担孩子出国留学的经济实力。若把教育看成一项家庭投资项目，那家长就是投资人。在投资之前要作出一个切实的计划，了解投资的对象——自己的孩子有否能力在国外上学念书；核算投资资本——家庭是否有经济条件来支付孩了在国外求学的所有费用。希望做父母的在送孩子去美国念书之前，尽可能地了解一下申请美国大学的概况，多搜集关于留学的各方面资料，力图了解清楚出国留学的全过程。在整个申请过程中做一个项目监理人，以便在孩子申请过程中提出合理建议。如：帮助孩子正确评估自己的能力，在选择适合的学校、专业和地点上给出自己的看法；写入学短文时帮助提供成长素材和观点修改意见；帮助孩子制定一个申请时间表，将考试注册参加截止期、各种成绩发送截止期和申请表递交截止期等重要事项和日期填入表中，帮助孩子合理安排时间，并在截止期快到时，提醒孩子不要误期；以家庭实力为孩子做经济上的筹划，是否申请大学资助。花钱要花在点上，不要为孩子留学而背上沉重的经济负担。不要让某些不当家不知柴米贵的孩子们认为家长什么也不懂，家庭就是一个可以随时提款的 ATM。要做好各种思想准备，也许这将是个没有或不能计回报的投资项目。

能否进入美国顶尖大学，要看申请人是否有能力，有准备加上有机遇。这机遇是可遇而不可求的，机遇来了，你必须有准备并敢于尝试，才能抓住机遇。如果无准备，有机遇也没用。近些年来，中国学生的聪明才智越来越得到美国顶尖大学的认可，每年都有不少学生被美国的顶尖大学录取。对于想去美国念书的中国学生，希望你读了这本书后，能更进一步了解申请美国大学，特别是好大学的正确途径，并预祝你能得到你心仪大学的录取通知书。申请大学时，一定要在人生的这几个月中，花时间，多思考，努力地设计自己，每写一篇文章，每交一份申请，都要认真对待。无论花多大力气，最后你若能如愿以偿地进入了你非常想去的美国顶尖大学，在那里度过人生最精彩的四年大学生活，毕业后前途一片光明，这些事情真是值得花时间和精力去做的。

当然，取得美国大学录取通知书只是留学途中的第一步，接下来的事情如办理入美签证，入学手续，了解如何在美生活和学习等等，申请人需要面对的事情还有很多……。

感谢东华大学出版社，感谢编辑曹晓红女士和沈衡先生对我一直的信任和帮助。杨军，潘志远，顾春春，金戈，杨丹，黄艳红，简朴，陈建伟也对本书的出版提供了许多帮助，在此一并表示感谢。如果读者想就书中的一些内容同作者进行进一步的交流，可以发邮件到 manychoices-book@outlook.com.

最后，谨将本书献给我深爱的家人，感谢我的先生和一双儿女对我永远的支持和鼓励，他们的爱让我的生活充满着幸福和快乐！

作 者

2014 年 11 月于上海

参考书目

1. *College Hand Book*, The College Board.
2. *America's Best Colleges*, U.S News & World Reports, 2015 Edition.
3. *Guide to the Most Competitive Colleges*, Barron's Educational Series, Inc, 1998
4. *Marjorie Nieuwenhuis, Parent's guide to college Admissions*, Kaplan, 2000
5. *Richard Montauk and Krista Klein, How to Get Into the Top Colleges*, Prentice Hall, 2000
6. Paul Fussell, Class, 《格调》，中国社会科学出版社，1998
7. Michele A Hernandez, *A is for Admission*, Warner Books, 1997
8. K.Patricia Aviezer, *Game Plan for Getting into College*, Petrson's, 2000
9. Dave Berry and David Hawsey, *America's Elite Colleges*, The Princeton Review, 2001
10. *Annual Survey of Colleges*, The College Board, New York, NY（*Trends in higher Education Series 2013–2014, Trends in College Pricing*, The College Board）.
11. Gretchen W.Rigol, *Admissions Decision-Making Models*, The college Board, 2002

相关参考网站

1. http://www.usnews.com/usnews/
2. http://www.forbes.com
3. http://www.collegeboard.com/
4. http://www.princeton.edu/
5. http://www.upenn.edu/
6. http://www.yale.edu/admit/
7. http://web.mit.edu/
8. http://www.cornell.edu/
9. http://www.dartmouth.edu/
10. www.harvard.edu/
11. www.columbia.edu/

12. http://www.uchicago.edu/
13. www.brown.edu
14. www.georgetown.edu
15. http://www.indiana.edu/~iuadmit/
16. http://www.studentaid.ed.gov/
17. http://www.kiplinger.com/
18. http://www.princetonreview.com
19. http://www.ed.gov/

注：对本书中列出所有提供各种信息的因特网站，仅供读者参考。笔者并不能确保网站中提供信息的质量，这些信息有可能帮助读者找到他们需要的资料。由于网站和信息在不断的更新，在使用这些信息之前读者有必要核实和确定它的准确性。